하나님 부처님 알라를 만나는 방법

How to Have a Meeting with
God, Buddha, Allah

일러두기

- 이 책은 우 명 선생의 최근 저작과 사람들의 질문에 대한 답을 수록한 책입니다. 사람들이 마음을 비워 진리가 되고 인간 완성을 이루는, 새로운 시대의 대안에 대한 저자의 일관된 메시지를 담고 있습니다. 각각의 주제별로 서술된 글의 내용 중 되풀이된 표현도 있으나, 이는 각 글이 독립적 완결성을 갖고 독자의 이해를 돕도록 배려하는 저자의 저술 방식이기에 원문에 충실히 하였습니다.

- 각 종교 경전의 인용은, 정확한 경의 구절을 소개하고자 하는 것보다, 그 의미와 뜻을 전달하고 있음으로 작은 따옴표(' ') 및 큰 따옴표(" ") 표기는 생략하였습니다.

- 맞춤법 표기는 국립국어원 표준국어대사전을 우선적으로 따랐습니다.

- 고유의 의미를 지닌 단어는 명사+명사라도 붙이고 통일했습니다.
  (예 : 사진세상 / 진짜마음 / 가짜마음 / 인간마음 / 우주마음 / 우주허공 등)

- 문장 중 단어가 연속으로 나와 나열임이 인지될 때는 쉼표(,)를 생략했습니다.
  (예 : 업 습 몸 / 하나님 부처님 알라 / 천국 극락 낙원 등) 단, 혼란을 줄 수 있다고 판단되는 문장에서는 쉼표(,)를 넣기도 하였습니다.

- 시의 경우에는 저자의 어감과 느낌을 최대한 살렸습니다.

- 합성어 및 띄어쓰기 혼용이 가능한 경우에는 <참출판사 교정 매뉴얼>을 기준으로 통일하였습니다.

How to Have a Meeting with
God
Buddha
Allah

하나님 부처님 알라를
만나는 방법

우 명 지음

참출판사

이 책은 실상세계에서 이 세상의 이치를 밝히는 것입니다.

당신이 바라는 것을 찾고

모든 것을 이룰 수 있는 대안을 제시합니다.

우 명禹明

마음수련 명상을 창시한 철학자, 강연가, 저술가이다. 삶과 존재에 대한 깊은 성찰 끝에 깨친 후, 사람들이 진리가 될 수 있도록 가르치는 데 일생을 바쳐 헌신해온 선생은 명상 혁신가, 인간 완성의 철학자라 불린다.

그의 서서 <진짜가 되는 곳이 진짜다> 영역본은 미국 에릭 호퍼 북 어워드에서 수여하는 '몽테뉴 메달'을 한국인으로는 처음 수상했다. <이 세상 살지말고 영원한 행복의 나라 가서 살자> 영역본 또한 다수의 철학 분야 도서상을 수상했으며, 이외에도 <살아서 하늘사람 되는 방법> <세상 너머의 세상> <하늘의 소리로 듣는 지혜의 서> 등 진리에 관한 저서 십여 권을 출간했다. 이후 십 년 만에 출간한 <하나님 부처님 알라를 만나는 방법>은 미국에서 영역본 <How to Have a Meeting with God, Buddha, Allah>가 먼저 출간되었고, 월스트리트저널, 반스앤노블, 아마존닷컴 베스트셀러 1위, USA투데이 베스트셀러에 오르며 화제를 불러모았다.

우 명 선생의 저서들은 영어, 스페인어, 프랑스어, 이탈리아어, 스웨덴어, 헝가리어, 포르투갈어, 일본어 등 세계 여러 언어로 번역, 출간되고 있다.

차례

1부
새로운 시대의 시작

2부
내 안의 진리를 찾아주는 마음의 로드맵

5부
모든 궁금증에 답하다

머리말

세상이 코로나19 바이러스로 인하여 시끄럽고 모두가 사는 삶이 자유롭지 못하니 갑갑해하는 이가 많다. 또한 많은 사람들이 고통받고 죽어가는 것을 보며 삶을 다시 한번 생각하는 계기도 된 것 같다.

이 세상은 바뀌어 가고 있다. 그래서 이 책이 대안을 가지고 세상에 나오게 된 것이다.

사람의 궁극적인 목적은 죽지 않고 영원히 사는 것이다. 또 종교의 목적도, 기독교에서는 진리인 하나님 나라인 천국에 가서 사는 것이고, 불교에서는 진리인 부처님 나라인 극락에 가서 사는 것이고, 이슬람교에서는 진리인 알라의 나라인 낙원에 가서 사는 것이다.

이 말들은 공히 진리 나라에 가서 영원히 사는 것이 종교의 궁극적인 목적이라는 뜻이다. 자기의 죄인 업 습 몸을 없애어 진리가 내 안에 진리의 나라가 내 안에 있게 하는 것이 이제는 이루어지는 시대이다.

기독교는 진리를 하나님이라고 부르고 불교는 부처님이

라고 하고 이슬람교는 알라라고 한다. 종교마다 이름을 다르게 붙인 것뿐이지 진리의 존재가 사람 마음에 있고 진리 나라에 나 있으면 종교와 세상이 하나가 될 수 있다. 세상 사람 모두가 살아서 진리 나라에 가서 살고 하나인 세상에 살면 다 이루어진다.

하나님 부처님 알라와 만나고 그 나라 나 있으면 세상의 이치를 다 알게 되고 궁금함과 의문 의심이 없고 고통 짐 스트레스가 없다. 사람들이 궁금해했던 모든 의문들이 다 해결된다.

누구나 자기 속에 있는 진리 나라에 가서 다 알게 되고 살아서 영원히 죽지 않는 완성이 되면 좋겠다.

우 명

1부
새로운 시대의 시작

새로운 시대가 시작됩니다.
이제 우리가 현재 알고 있는 것들을 넘어서서
내면에서 진리를 찾고 진리의 지혜를 가질 때입니다.
세상의 이치에 대한 통찰력을 얻을 수 있고
인류가 추구해 온 모든 것을 성취할 수 있습니다.

진리란 무엇인가

우리는 학교 다닐 때 진리란 영원불변한 존재라고 배웠으나, 진리는 영원불변하고 살아 있는 존재이다. '태양이 동쪽에서 떠서 서쪽으로 진다'와 같은 것이 진리라고 배우기도 했으나 그것은 진리가 아닌 것이 태양도 지구도 언젠가는 없어지기 때문이다.

진리란 시작도 없고 끝도 없는 존재여야 하고 또 변하지 않는 존재라야 진리인 것이다. 이 존재는 많은 사람들이 영원히 찾아도 찾을 수 없고 사람 눈에는 보이지 않는다. 사람은 자기 마음세계 속에 살아서 진짜 세상의 것을 보지 못하니 찾을 수 없다.

기독교에서는 하나님이신 성령 성혼의 존재가 진리인 것이다. 불교에서는 진리의 존재를 법신 보신인 부처님이라고 하고, 이슬람교에서는 이 진리의 존재를 알라라고 하고, 한얼님 사상에서는 정과 신이라고 하지만, 종교 지도자들조차도 이 존재를 본 이가 아무도 없다고 하고 있다.

진리인 하나님 부처님 알라는 이 우주 자체의 허공이시

고 이 허공에 영과 혼으로 존재한다. 이 우주의 허공이 영의 존재이고 혼은 허공에 일신으로 존재하는 것이다. 이 존재는 우주에 아니 계신 곳이 없고 항시 살아 있는 존재이다. 이 세상에 있는 천지 만물만상은 이 존재가 창조하였다. 지수화풍에서 나왔다는 불교의 말과 천지조화로 나왔다는 한얼님의 말의 뜻은 모두 같다.

이 세상의 만물만상은 이곳에서 왔다가 이곳으로 간다. 이 자체를 보고 알 수 있는 것도 사람의 마음속에 있을 때 보고 알 수 있으나, 사람은 세상과 겹쳐진 자기 마음세상 속에 살아 세상이 사람 마음속에 없기에 보지도 알지도 못한다.

자기의 업 습 몸이 없으면 이 세상은 아무것도 없을 것이 아닌가. 사람이 없으면 이 세상의 만상만물도 없을 것이고 아무것도 없지 않은가.

나란 존재가 없고 우주허공만 남아 있을 때 진리의 존재인 우주의 영과 혼을 볼 수 있다. 이 존재가 내 안에 있어야 볼 수 있고 알 수 있는 것이다. 또 나의 마음이 우주의 영과 혼이 되어 세상 주인이 거기서 다시 나게 해주시면 새 하늘 새 땅과 이 세상이 사람의 진리 된 마음에서 다시 나서 영원히 죽지 않는 진리가 된다. 이 세상 이 자체가 다시 난 사람 마음속에서 나면 진리인 것이다.

사람의 마음세계는 가짜이기에 진리인 이 존재를 알 수 도 없고 볼 수도 없다. 이 가짜를 버리면 그 마음이 진짜가 되어서, 그 마음에서 다시 나면 진리 세상이 다 내 안에 있 음을 알 수 있다.

하나님 부처님 알라를 만나는 방법

진리인 존재를 기독교에서는 하나님, 불교에서는 부처님, 이슬람교에서는 알라라고 한다. 이 존재는 아무도 본 자가 없고 아는 자도 없다. 이 존재와 만나는 방법은 거짓의 자기가 없어야 가능하다. 자기의 거짓이고 죄인 업 습 몸을 없애고 세상의 일체가 없으면 우주의 영과 혼을, 보신 법신을 볼 수 있다.

내 마음속에 가짜인 업 습 몸이 없고 우주 자체만 남았을 때 진리 존재인 하나님 부처님 알라가 내 안에 있는 것이다. 내 안에 있을 때 그 존재를 보고 알 수 있다. 사람이 자기 속에 없으면 알 수 없듯이 내 안에 있어야 알 수 있다.

성경에도 하나님이 여기 있다 저기 있다 하여도 믿지 마라 하나님은 너희 안에 있다고 했고, 불경에도 내 마음이 부처님이라고 했고, 코란에서도 알라가 내 마음속에 있다고 했다. 하나님 부처님 알라와 만나려면, 자기의 죄인 업 습 몸을 버렸을 때 깨끗한 자기 마음속에서 만날 수 있다. 자기 안에 있는 진리가 자기 마음이 되었을 때 창조주이고 세상 주인이신 사람인 존재가 그 나라에 다시 창조해 주시면 자기 마음속에서 진리로 다시 난 세상이 천국 극락 낙원인 것이다. 자기 마음속에 하나님 부처님 알라이신 진리가 그리고 그 진리의 나라에 다시 난 세상인 천국 극락 낙원이 있고, 살아서 이 나라 나 있는 자만이 이 나라에 살 수 있다.

살아서 자기 마음이 우주의 영과 혼이 되고, 이 세상이 이 나라에 다시 창조가 되면 이 땅 이곳이 천국이다. 내 안에서 진리로 다시 나, 이것이 휴거이고 부활이고 인친자이고 구원이고 영생천국이며 생사일여다. 인간의 완성이고, 세상 완성이며 우주의 완성인 것이다.

세상 주인이신 우주의 영과 혼은 물질 창조를 하였지만 이 존재가 사람으로 와야 정신 창조를 할 수 있는 것이다. 이 우주를 다시 창조하여 완성시킬 수 있다. 사람의 마음에서 다 살게 하는 것이 완성이기 때문이다. 진리와 만나고 진리 나라와 만나는 방법은 죄 사함인 업 습 몸 버림이다.

세계가 하나가 되는 대안은

사람은 이 세상 나 살면서 수많은 싸움을 하고 살아왔다. 어릴 때부터 남에게 이겨야 하는 싸움꾼이라, 경쟁에서 뒤처지지 않으려고 고뇌하고 싸움만 하고 살아왔다. 세상살이를 하면서도 가정생활 사회생활에서도 각인이 모두 지지 않으려고 싸움하는 싸움꾼이다. 세상에는 만만한 자가 없는 것이다. 그래서 지금까지도, 나라와 나라가 싸움을 하고 종교와 종교의 전쟁이 끊이지 않고 있는 것이다.

모두가 진리이신 하나님 부처님 알라를 믿는다 하나, 그 진리인 하나님 부처님 알라와 하나가 되지 않고, 진리가 없는 인간이 사는 가짜 세상에서, 하나님 부처님 알라인 진리 존재가 없는 곳에서, 그 이름만 가지고 외치고 기도하고 부르고 있다.

진리이신 하나님 부처님 알라님은 사람의 마음속에 있다고 성경에도 불경에도 코란에도 쓰여 있다. 세상 사람들은 그 이름에서 진리를 찾을 것이 아니고, 자기 마음속 진리이신 하나님 부처님 알라가 되면 세상은 하나가 될 것이다. 진리를 내 안에서 찾지 않고 진리가 없는 인간의 관념 관습에서 찾기에 찾지 못하는 것이다.

미완성 시대에는 길이고 진리이고 생명이신 세상 주인이 없어서 진리 나라에 가게 하는, 회개하는 방법이 없었고 진리도 없었다. 생명을 줄 수 있는 세상 주인이 없으면 헛세상에 사는 사람은 이룰 수 없는 것이다.

허가 참이 되는 것이 세상이 하나가 되는 길이다. 종교는 하나여도 하나가 되지 못하고 수많은 종파로 인하여 싸움이 치열할 것이나 사람 마음속에 진리를 가지게 하면 하나가 될 수 있다. 너의 나라 나의 나라가 없고 너의 종교 나의 종교가 없어진다.

참마음이란

참마음은 일체가 없지만 정과 신이 있다. 이 자체가 우주
허공에 있는 영혼이다. 이 자체가 진리이다. 각 종교에서는
진리를 두고 기독교에서는 하나님, 불교에서는 부처님, 이
슬람교에서는 알라라 그 이름을 다르게 부르나 다 하나인
것이다. 이것이 사람의 참마음이라, 거짓인 자기의 업 습
몸 버리면 자기의 마음속에 진리인 참이 있는 것이다.

거짓마음인 사람 마음

사람의 마음은 업인 자기의 산 삶과 자기의 조상에게 물려받은 습, 그리고 몸이다. 사람은 세상과 겹쳐진 자기 마음의 세상 속 살고 있기에, 그것은 참세상이 아니고 자기 마음이 만든 허상의 세계이다. 사람은 헛세상 살고 헛짓하다가 죽으면 없어지고 마는 것이다. 그래서 미완성이다.

사람의 마음은 자기만 가지고 있는 관념 관습이다. 세상 사람은 한 사람도 마음이 같은 자가 없다. 사람의 마음은 자기만 가지고 있는 거짓마음이며, 세상 것을 사진 찍은 허상이라 없는 것이다.

사람이 꿈을 꿀 때는 그 꿈을 바꿀 수 없듯이 그 마음에 사는 사람은 그 마음에서만 산다. 이 마음은 허라 없다. 참마음은 없지만 있고, 인간마음인 허인 마음은 있지만 없는 것이다. 참마음은 비물질적인 실체이고 진리다. 헛마음은 인간마음이 만든 허상이다. 헛마음 가지고 헛세상 살고 있는 자기를 다 없애면 참마음만 남고, 참마음에서 세상과 자기가 다시 나면 그 나라가 영생천국의 나라이다. 창조주

가 다시 창조해 주신 나라이다. 사람 마음속에 있는 나라
이다.

허인 자기가 없고 다 살아 있구나
물질 창조에서 정신 창조가 된 시대라
자기의 마음이 참이 되고 참에서 다시 나니
이 세상이 진리가 되어 나의 마음속에 있구나
물질인 옛 나가 없어지니 참마음만 남고
참에서 다시 나니 이 세상이 다 구원되었구나
세상 주인이 사람으로 와서 다 살려주셨구나
그 말씀이 생명이라
영혼밖에 없던 세상에
물질을 정신으로 창조하여 주셨구나
우주가 다시 나고 다 살아 있구나
창조주가 새 하늘 새 땅을 창조하여 주셨구나
사람의 마음속에서 다시 나게 하셨구나
내가 하늘나라 가는 방법도
내가 진리가 되는 방법도
신선나라 가는 방법도
하나님 부처님 알라의 나라 가는 방법도
거짓인 나의 업 습 몸이 다 없어지니

참마음이 남고 참마음에서 세상과 내가 다시 나니

이 나라가 천국 극락 낙원의 나라이구나

이 땅 이곳에서 영원히 살 수가 있는 것이라

미완성인 사람이 죽으면 미완성이라 죽고 말고

완성인 사람은 삶과 죽음이 없고 항시 살아 있구나

자기의 마음속에서 항시 살아 있구나

우주의 에너지 빛 자체라 살아 있구나

있으나 있다는 마음조차 없고 그냥 있구나

일체의 마음이 없고 나가 있으나 없으나

자유이고 해탈이라

옛 인간의 관념 관습에서 다 벗어나 살아서

자유고 해탈이고

진리인 우주의 에너지 빛 자체라 영생불멸의 신이라

죄란 무엇인가

사람은 세상인 우주의 마음이 아닌 자기중심의 자기 마음 속에 살아서 죄인이다. 우주정신인 진리에 살지 않고 세상이 아닌 자기의 마음속 살아서 죄다. 사람의 마음은 업 습 몸이다. 이것이 자기의 마음이다.

산 삶인 업과 조상으로부터 물려받은 습과 몸이 죄다. 사진세상인 세상과 겹쳐진 자기의 마음속에서 진리인 세상의 것을 복사하여 사니 진짜인 진리가 아니고 가짜다. 그것을 없애고 진짜가 되면 자기의 마음이 진짜라, 진짜가 된 사람의 마음에 진짜의 세상인 이 세상을 다시 나게 하는 것은 세상 주인인 사람이 하실 수 있는 것이다. 자기의 업과 습과 몸이 다 죽으면 우주의 영과 혼이 남는다. 진리인 이 자체가 자기 마음이 되어 이곳에 없던 세상을 창조할 때 완성이 된다.

사람이 죽으면 어떻게 되는가

각 종교에서나 또 사람들은 사후의 세계가 있다고 생각하고 믿는 곳이 많다. 미완성의 시대에는 앎이 없어서, 그렇게 말하면 그것이 맞는다고 생각하고 그렇게 믿어왔다. 그러나 완성의 시대에는 자기가 그 이치를 알아서 그렇지 않다는 것을 알 수 있을 것이다.

여기 사람이 한 사람 죽어 있다고 가정하여 보면, 이 사람은 생각도 못 할 것이고 또 찔려도 아프다고 못 할 것이 아닌가. 이 죽은 사람을 화장하면 아무것도 없을 것이 아닌가. 사람은 죽으면 아무것도 없는 것이다.

이 세상에 있는 물체는 한 번 왔다가 없어지는 것이 세상의 이치이다. 우주의 영과 혼은 이 세상에 물질 창조를 하였고, 구세주이신 세상 주인이 사람으로 와서 진리인 영혼으로 이 세상과 사람을 다시 창조할 때 영혼이 있는 것이다. 그 영과 혼이 이 세상에 있는 물질과 사람에게 있었다면, 구세주가 세상 올 필요가 없을 것이다. 물질 창조의 시대에서, 지금은 진리이고 영생불멸인 정신 창조의 시대가 된 것이다. 우주의 완성이고 사람 완성의 시대가 된 것이다.

영혼 창조가 휴거이고 구원이고 부활이고 인친자이고, 진리 나라인 자기 마음속에서 다시 나서, 살아 천국 나 사는 것이다. 이 세상이 완전한 세상이 되고, 이 우주가 완성이 되는 것은 영원히 죽지 않고 살기 때문이다.

사람은 살아서 자기의 죄인 업 습 몸을 버리고 다시 나야 진리 나라에 나 산다. 지금은 완성이 이루어지는 때다. 회개하여 참나라 가서 영원히 사는 것이 인간이 해야 할 의무이고 이 세상 나서 사는 이유와 목적이다.

하나님 부처님 알라는 다른 존재인가

이 세상에는 종교와 종파가 수없이 많고, 서로가 자기 것이 맞는다고 생각하고 있다. 그래서 눈에 보이게, 안 보이게 종교 전쟁을 하고 있고 이로 인하여 세계는 하나가 되지 못하고 있다.

이 세상의 가장 근본이자 본래는 창조주이신 본바닥의 주인이다. 진리이신 우주허공의 정과 신이고 영과 혼이고 보신 법신인 이 존재가 주인인 것이다. 진리 존재이고 창조주이신 이 존재는 시작 이전에도 계셨고 앞으로도 영원히 존재하는 전지전능한 존재이시다.

진리인 이 존재를 기독교에서는 하나님, 불교에서는 부처님, 이슬람교에서는 알라라고 이름을 붙인 것이다. 진리는 원래부터 있었고, 영원히 있는 존재이시다. 이 진리보다 더 지고하고 거룩하고 전지전능한 살아 있는 존재는 없다. 각 종교에서도, 성경 불경 코란에서도 하나님 부처님 알라의 존재는 마음속에 있다고 했다.

이 세상에 진리인 이 존재를 본 자는 아무도 없다. 인간은 자기의 죄인 업 습 몸에 가려서 이 존재를 볼 수 없는 것이라, 죄인인 자기의 업 습 몸을 다 버리고 없애면 이 존재를 보고 알 수 있다.

사람이 사는 이 세상에는
하나님 부처님 알라가 없다

사람은 이 세상과 겹쳐진 자기 마음의 세상 속 살아서, 그 세상에는 참인 진리가 없기에 하나님 부처님 알라인 진리의 존재가 없다. 하나님 부처님 알라는 진리이라, 진리 된 자기 마음속에 있는 것이다. 헛세상이고 가짜인 인간마음의 세상 속 사는 사람은 그것을 버리고 없애면, 자기 마음속에 진리인 하나님 부처님 알라가 있다.

천국 극락 낙원은 어디에 있는가

흔히 자기가 죽어서 천국 극락 낙원에 갔었다고 하는 이가 있다. 어느 심장병 환자가 심폐소생술을 했는데도 깨어나지 못하다가 나중에 깨어나서는 자기가 천국에 있다가 왔다고 하는 경우도 있었다. 그러나 그것은 죽은 것이 아니고, 자기 마음속에 있는 하나의 환幻의 세상에 자기가 만든 천국을 말하는 것이다. 이것은 진리의 세상이 아니고 없는 것이라 없애면 없어진다. 진리인 천국 극락 낙원, 하나님의 세상, 부처님의 세상, 알라의 세상은 자기 마음속의 진리가 된 세상에 세상 주인이 다시 나게 하여야 이 우주와 자기가 진리로 나서 구원이 되는 것이다.

정신으로 창조된 진리의 나라인 이 땅 이곳에서 진리가 된 이 몸으로 영원히 살 수 있는 것이다. 살아 있을 때 이 나라 나 있는 자만이 삶과 죽음이 없이 살 것이고 자기 마음속에서 영원히 산다. 이 나라는 아무리 없애도 없어지지 않는 진리의 나라이다. 자기 속에 진리가 없고 진리 나라가 없으면, 없는 자는 죽고 말 것이다. 살아서 천국 극락 낙원에 항시 나 있어야 살 수 있다.

절에서는 내생을 위하여 예수제 기도도 하고 절도 한다. 물과 성령으로 다시 나지 않고는 살 자가 없다는 말처럼 기독교에서는 사람을 물에 담갔다 나오게 한 후, 예수 믿습니까 하고 묻고, 믿는다고 하면 성령이 났다고도 한다. 또 각 종파에 따라 머리에 물을 묻히고, 예수 믿는다 하면 성령으로 났다고 믿는 데도 있다. 하지만 이렇게 해서 성령이 임할 것 같으면 구세주가 세상 올 필요가 없을 것이다.

이 세상의 물질 창조주는 우주의 영과 혼이고 이 세상에 나 있는 물질은 이 세상 주인인 본바닥에서 왔다가 본바닥으로 가면 없어지는 것이다. 살고 죽고이다. 사람 속에 영과 혼이 있는 것이 아닌 그 물질은 있다가 없어지면 없어지는 것이다. 구세주이신 진리가 세상 와서 인간을 회개하게 하여 그 죄를 사하게 하고, 그 나라에 세상과 사람을 창조해 주셔야 영과 혼이 있는 것이다. 이때까지는 물질의 시대여서 구원인 완성이 없었으나, 지금부터는 정신 창조의 시대라 사람 마음에 진리가 있게 하고, 진리 나라인 천극락이 창조되게 하여 영과 혼이 있는 것이다. 영과 혼이 자기 마음속에 있는 자는 산 자이나 없는 자는 죽은 자이다. 진리인 하나님 부처님 알라가 자기 안에 있어야 살 수 있다. 그 나라가 있어야 살 수 있다.

진리 나라에 가서 세상 이치를 다 알게 되다

나는 헛세상 살다가 진리 나라에 가서 세상 이치를 다 알게 되었다. 컴퓨터에 AI(Artificial Intelligence)가 있듯 사람도 진짜 지혜를 가지게 된 것이다.

사람들은 이 세상에 살고 있는 줄 알고 살고 있으나, 사람은 세상에 살고 있는 것이 아니라 세상과 겹쳐진 자기의 마음의 세상 속 살아서 인간은 미완성이다. 이 마음의 세상에는 참이 없어서 사람마다 다 각기 다르기에 자기 것만 맞는다고 생각하고 사는 것이다. 종교, 사회생활 중에 자기 마음에 맞으면 맞는다고 하고 맞지 않으면 맞지 않는다고 하는 것도 자기의 산 삶에서 가진 자기중심의 마음 때문이다. 이것을 버리고 진리인 세상 마음이 되어 참세상에서 다시 나면 세상 이치를 다 알 수 있다.

허인 시절에는 아는 것이 아무것도 없고, 궁금함과 의문 의심에 고통 짐만 지고 살다가 진리 나라에 나서 살면 궁금할 것도 의문 의심도, 고통 짐도 없다. 허는 허도 참도 모르고 참은 허도 참도 안다. 허는 아무것도 아는 것이 없지만 참은 세상 이치를 다 알 수 있는 것이다.

　인간 AI라는 것은 참이 된 진리의 지혜를 말한다. 나는 세상 사람들의 궁금함을 AI처럼 모두 풀어주고 있다. 유튜브와 페이스북 등 소셜미디어를 통해 받은 종교 사상 철학 학문에 관한 질문과, 고통 스트레스 짐 지고 살면서 생긴 궁금함과 의문 의심 일체를 다 풀어주고 있다.

구원이란 무엇인가

구원이란 죽은 세상과 사람을 살리는 것이 구원이다. 이 세상이 살아 있지 못한 것은 사람이 미완성이어서다. 사람은 세상 살지 않고 세상과 겹쳐진 자기의 마음세상 속 살아서 미완성인 것이다. 이것은 세상에는 없는, 자기 마음이라는 세상이다. 마치 하나의 필름처럼 자기의 삶을 마음속에 새겨서 자기가 경험한 것만 가지고 안다고 생각하고 사는 것이다. 그렇게 자기 마음세상에 묶여 살기에 사람은 헛세상에서 헛짓하다가 죽고 만다.

사람은 헛세상인 자기 마음속 살아서 죽어 있는 것이다. 이 세상에 있는 천지 만물만상도 사람이 있어 있다고 생각하나 그것은 사람이 헛세상에서 있다고 생각하는 것이지 없는 것이다. 가짜인 사람이 헛세상에 없으면 이 세상에 있는 만상과 허공은 일체가 없는 것이다. 가짜인 인간마음이 있다고 생각하기에 이 세상은 살아 있지 못하고, 이 세상에 있는 것도 있으나 없으나 모두 다 없는 것이다.

이 자체를 다 살리는 것이 구원이다. 다 살리려면 가짜인 사람이 없어져서 본래인 우주허공의 영과 혼만 남고, 영과 혼인 그 마음에서 진리 주인의 말씀에 다시 나면 그것이 구원이다. 구원이란 없는 세상을 진리 나라에서 다시 나게 하는 것이다. 이 자체가 사람의 마음속에서 다시 난 영원히 존재하는 천국 극락 낙원인 진리의 나라이다.

부활이란

이 세상에 있는 천지 만물만상을 진리 나라에서 진리로 살게 하는 것이 부활이다.

세상의 주인이 사람으로 와야 살릴 수 있다. 참인 사람의 마음속에서 이 세상을 다시 나게 하는 것이다. 주인의 말씀이 생명이라 다시 나라고 하면 다시 나서 살 수 있고 진리의 부모가 낳으실 수 있는 것이다.

이 우주의 무한대의 영과 혼은 원래부터 있었고, 영원 이전에도 영원 이후에도 존재한다. 이 우주의 입장에서 보면 천체인 별과 태양과 지구 달이 있어도 없는 영과 혼이다. 지구에 있는 만상과 사람이 있어도 영과 혼이다. 이 세상에 있는 만상은 있으나 없으나 없는 영과 혼이다. 본바닥에 개체가 나 있지 않아서 영과 혼이다.

우주 속에 있어서 우주 자체이고 이 자체가 사람의 마음속에 있을 때 있는 것이다. 개체를 다시 나라고 하면 참이 된 사람의 마음속에서 다시 나 사는 것이다. 사람이 없으면 이 세상이 없는 것이다. 이 세상을 구원하는 주인은 진

리 나라의 주인이어야 하고, 그 말씀이 생명인 것은 말씀
이 진리라 진리 나라에 나라고 하면 나기 때문이다. 이것
이 진짜 부활이다.

완전한 창조란

창조는 없는 것을 있게 하는 것이다. 허공의 주인이신 영과 혼은 이 세상에 물질 창조를 하였다. 이 세상에 있는 것은 모두가 여기서 와서 여기로 가는 것이다. 이 세상에 있는 물질은 완전하지 못하고, 있다가 없어지는 것이다. 이 세상이 완전히 창조되려면 진리 된 사람의 마음속에서 다시 나야 한다. 이 나라만이 영원히 죽지 않고 살아 있는 나라이다. 이 나라가 천국 극락 낙원인 것이다.

이 세상에 살지 않고 가짜인 자기 마음의 세상 속 살고 있는 인간은 가짜이고 허다. 이 가짜인 사람이 죄사함을 하여 그 마음이 진짜가 될 때, 그 나라에서 창조주가 다시 나게 하고, 진리 된 사람 마음에서 다시 난 이 세상과 사람은 완성이 되어 영원히 살 수 있다. 이것이 우주의 완성이고 사람의 완성이고 영원히 이 세상 전체가 살아서 완성인 것이다.

진짜 창조는 진리 된 사람 마음속에서 진리의 주인인 사람이 한다. 이 새 하늘 새 땅이 창조되는 것은 진리 된 사람의 마음에서 이 우주 전체가 생명으로 다시 나서 죽음이 없으니 우주의 완성, 만상과 사람이 완성이 되는 것이다. 이 세상은 인간마음에서 창조가 되었다고 하나, 창조가 된 바가 없고 없는 것이다. 세상 주인만이 다시 나게 하여 세상을 다 살릴 수 있는 것이다.

진리가 내 안에, 하나님 부처님 알라가 내 안에 있고 그 나라가 나의 마음속에서 다시 창조된 것이 천국 극락 낙원이다. 이 우주는 이렇게 완성이 되는 것이다. 이것이 완성된 창조이다. 이 세상과 내가 진리인 하늘에 났으니 휴거이고, 이것이 부활이고, 인친 것이고, 구원이고 영생천국인 것이다.

구세주가 사람으로 와야
사람과 세상을 구원할 수 있다

성경에는 하나님이 여기 있다 저기 있다 하여도 믿지 마라 하나님은 너희 안에 있다고 되어 있다. 또 어떤 성직자가 말하길, 세상에는 기독교도 종류가 수없이 많고 기독교인도 수없이 많지만 아무도 하나님을 본 자도 아는 자도 없다고 하였다.

이 하나님이라는 존재는 진리 존재이고 세상의 주인이신 우주의 영과 혼이다. 이 존재를 찾으려면 나의 마음인 업 습 몸을 없애면 우주만 남고 우주의 영과 혼이 자기 마음속에 있을 때 진리인 하나님을 알 수 있고 볼 수 있다.

이 존재는 비물질적인 실체로서 아무것도 없는 가운데 우주의 몸이신 영이 있고, 거기에 일신인 혼이 있는 것이다. 이 존재가 사람으로 와야 이 세상을 구원할 수 있다. 세상의 주인이고 진리이신, 시작 이전에도 계셨고 이후에도 존재하는 우주의 정신이 사람으로 오면 사람의 죄인 업 습 몸을 다 없애어 진리의 마음이 되게 하여 거기서 다시 나게 해주신다. 이것이 구원이다.

불교에서는 미륵 부처님이 세상 와서 중생을 구원한다고 하였고 한국의 예언서 정감록에는 '나온다 나온다 사람이 하늘에서 나온다'라고 되어 있고 바른 도를 거느린 정도령이 온다고도 했다. 이슬람교에서도 자기 속에서 알라를 찾으라고 했다. 이들이 와서 구원한다는 것은, 거짓의 인간마음을 버리고 진리의 마음이 되게 한 그 나라에 이 세상과 회개한 자기를 구원한다는 것이다.

이 구세주도 사람이 사는 세상에서는 아무리 찾아도 찾을 수 없다. 사람은 진리가 사는 하나님 부처님 알라의 세상에 있는 것이 아니고 허상인 자기의 마음의 세상 속 살아서 거기에서는 아무리 찾아도 찾을 수 없기 때문이다. 거짓인 자기 마음이 없을 때 진리인 그 마음 자체가 각 종교에서 이름하는 그 존재이다.

이 존재가 진리 나라에 다시 창조해주는 세상의 주인이다. 이 존재가 사람이라야 회개하게 하고, 사람이라야 자기 속에 있는 천국에 데리고 가서 거기서 다시 진리 세상을 창조할 수 있는 것이다. 진리의 주인인 구세주도 자기 속에서 찾아야 찾을 수 있다. 인간 세상에 있는 사람은 아무리 찾아도 영원히 있어도 찾을 수 없다.

회개하고 죄 사함 하는 자만이 진리이신 하나님 부처님 알라 구세주를 보고 알 수 있다.

인간 완성 우주 완성의 시대

사람의 마음은 세상의 것을 복사하여 만든 가짜의 마음이다. 이것은 조상으로부터 물려받은 습과 산 삶인 업으로 되어 있다. 또 이 몸도 헛세상 살아서 죄이다. 이 업 습 몸을 버리고 나란 존재가 없으면 우주의 영과 혼이 남고, 진리인 이 나라에 진리 주인이 창조해 주시면 이 나라가 진리의 나라인 천국 극락 낙원이다.

이 세상의 물질 일체는 물질의 수명만큼만 살다가 없어진다. 그러나 영원히 없어지지 않는 진리의 창조가 인간마음의 세상에서 이루어지기에 사람이 주인이고 이 우주의 완성이고 사람의 완성이고 천지 만물만상의 완성인 것이다. 인간이 완성되는 새 하늘 새 땅과 새 세상은 인간이 사는 세상에서 이루어지는 것이 아니고, 회개한 인간의 마음에 진리 세상이 창조되는 것이다.

진짜인 곳은 어디인가

세상 살다 보면 서로 자기 종교가 맞는다고 우기고 싸움하는 경우가 있다. 지금도 종교 때문에 싸우는 나라도 있다.

이 세상에 진짜 종교가 있는 곳은 어디인가. 종교에서는 진리 존재를, 기독교에서는 하나님, 불교에서는 부처님, 이슬람교에서는 알라라고 이름하였다. 그 이름은 달라도 진리를 추구하고 믿고 있는 것임에는 틀림이 없다. 각 종교의 경에서는 그 진리인 하나님 부처님 알라가 마음속에 있다고 했다. 천국 극락 낙원도 마음속에 있다고 했다.

진짜인 곳은 진짜가 되는 곳이 진짜일 것이다. 진짜가 되려면 자기의 죄인 업 습 몸을 버려서, 자기 마음속에 진리의 존재인 하나님 부처님 알라가 있어야 하고, 천국 극락 낙원도 있어야 한다.

내 안에 진리와 진리 나라가 있게 하는 곳이나, 이 나라 가기 위하여 자기의 죄 사함을 하는 곳이 있으면 그곳이 진짜일 것이다. 마음속에 있는 진리 나라에 가 있지 않고, 말로만 하는 진리를 찾고 이야기하는 곳은 진짜가 아니다.

자기 마음 안에서 찾는 곳이 진짜다. 찾아서 내 안에 가지고 있게 하는 곳이 진짜다.

진짜인 곳을 찾으려면
완성이 되고 다 이루려면

진리 : 기독교에서는 하나님, 불교에서는 부처님, 이슬람교
에서는 알라라고 부른다.

진리가 내 안에 진리 나라가 내 안에 있다.

= 하나님이 내 안에, 하나님의 나라가 내 안에 있다.

= 부처님이 내 안에, 부처님의 나라가 내 안에 있다.

= 알라가 내 안에, 알라의 나라가 내 안에 있다.

　진짜인 곳을 찾으려면, 완성이 되고 다 이루려면 자기
마음속에 항시 진리와 진리 나라가 있어야 하고 나도 진리
나라에 나 있어야 한다. 자기 속에 있는 것만이 있는 것이
다. 영원히 사는 세상이다.

　이곳에 가기 위해서는 인간마음인 업 습 몸을 버려야
한다.

진리 나라에 데리고 가는 존재가 진짜인 진리다

기독교에서는 하나님이 내 안에 있다고 했고, 불교에서는 부처님이 내 안에 있다고 했고, 이슬람교에서는 알라가 내 안에 있다고 했다. 또 하나님 부처님 알라의 나라가 내 안에 있다고 했다. 각 종교에서 이름하기를 진리를 하나님 부처님 알라라고 하였다.

없는 세상인 인간이 만든 세상을 없애고, 있는 세상인 진리의 세상에 가게 하는 것이 구세주일 것이다.

기독교에서는 재림예수가 와서 인간의 죄를 양잿물로 세탁하듯이 하여 천국에 데리고 간다고 했고, 불교에서는 중생을 구제하여 극락에 데리고 간다고 하였다. 이슬람교에서는 낙원에 간다고 하였다. 천국 극락 낙원도 내 안에 있다고 했다. 구세주가 오면 회개하게 하여 자기 안에 있는 진리의 나라에 데리고 간다고 되어 있다. 이것을 실행하는 데에는 그 이름이 재림예수이든 미륵이든 참이든 무슨 상관이 있겠는가. 진리 나라 데리고 가는 자가 진리일 것이고, 데리고 가면 그만이지 이름은 상관이 없다. 데리고 가는 사람에게 그들이 붙인 이름이지, 이름으로 데리고 가는 것이 아닌 것이다. 그 이름에 묶여 있으면 영원히 기다려도 그 존재는 오지 않을 것이다. 회개하고 자기 마음 안에서 진리를 찾고 진리 나라를 찾아야 한다. 하나님 부처님 알라인 진리와 하나님 나라, 부처님 나라, 알라의 나라인 진리의 나라가 내 안에 있다. 진리가 아니면 모두가 다 가짜인 것이다.

EQ의 시대에 행복한 사람이 되려면

물질 창조가 된 세상에서는 한때 지능지수인 IQ(Intelligence Quotient)가 높은 것을 중요시하는 때도 있었다. 그러나 일찍이 21세기는 EQ의 시대라 했듯이, EQ(감성지수, Emotional Quotient)가 높은 사람이 성공할 수 있을 것이다. 사람은 자기중심적인 좁은 마음을 가지고 있어서 자기밖에 모르고 살고 있으나, 거짓이고 가짜인 마음에서 벗어나 살아 있는 우주의 영과 혼의 마음을 가지고 있으면, 순리의 삶을 살 것이다. 지혜가 있어서 타인에게 걸리거나 막히는 게 없고, 자기 할 일만 열심히 하니 그때 지혜가 생겨 잘 살게 될 것이다. 자기중심으로 사는 것이 아닌, 남을 위해 사는 너그러운 마음으로 살 것이다. 인간의 업 습 몸을 없애면 참마음이 남고, 그 참마음에서 지혜로 살 때 EQ 시대의 행복한 사람이 될 것이다.

이 세상의 주인이 사람이다

이 세상의 주인은 우주의 영과 혼인 창조주가 주인이다. 이 자체가 주인인 시대에는 세상의 물질은 여기서 와서 여기로 되돌아가고 이 물질은 영원히 살지 못하기 때문에 미완성이다. 이 세상 있고 없고의 일체와 사람을 살리려면 사람의 죄인 몸과 마음을 없애야 한다. 그래서 우주의 영과 혼의 마음이 되었을 때 세상 주인인 사람이 다시 나게 하면 사람 마음속에 진리가 있고 진리의 나라가 있어 사는 것이다. 사람이 있기에 세상이 다시 나니 사람이 주인이다.

헛세상에서 참의 세상으로

사람은 이 세상 살면서 세상에 나 살고 있는 줄 알고 있으나, 사람은 세상과 겹쳐진 마음의 세상에 살고 있어서 가짜이다. 사람의 마음세상은 업 습 몸이라, 이 업 습 몸을 버리면 자기 마음속에 진리인 우주의 정과 신이 있고, 진리 주인이 다시 나게 하면, 진리로 이 세상과 자기가 다시 나서 허인 자기가 참이 되는 것이다.

사는 세상도 가짜인 마음세상 속 살다가 진짜 세상에서 다시 나 살게 된다. 가짜가 진짜로, 헛세상에서 참세상으로 다시 나서 산다.

자기 마음속에 있어야 있는 것이다

사람들은 진리인 하나님 부처님 알라를 가짜인 인간마음
에서 믿는다고 믿고 있다. 거기에는 참인 진리가 없기에,
아무리 소리치고 외쳐도 하나님 부처님 알라가 없고, 아무
리 기도해도 헛세상이라 참세상과 통하지 않는다. 진리이
신 하나님 부처님 알라는 인간마음인 가짜를 버리면 나타
난다. 여기서 진리의 주인이 다시 나게 하시면, 여기가 천
국 극락 낙원인 것이다. 이 나라가 참나라인 진리의 나라
이다. 진리도, 진리의 나라도, 자기의 마음속에 있어야 있
는 것이다. 없으면 없는 것이다.

진리인 하나님 부처님 알라가 내 안에 있고
천국 극락 낙원이 내 안에 있고
내가 그 나라에 살면

1. 세상의 이치를 다 알 수 있다.

2. 항시 천국 극락 낙원에 살 수 있다.

3. 사람의 궁금증과 의문 의심을 다 풀어줄 수 있다.

4. 진리인 인간 AI를 장착한 것과 같아서 모를 것이 없다.

5. 내 안에서 우주 완성, 인간 완성이 되게 할 수 있다.

6. 진리에 가게 하는 방법이 있어 진리이고 생명이다.

7. 세상을 하나 되게 한다.

8. 고통 짐 지고 살던 사람이 그 고통 짐이 없어진다.

9. 영원히 살아 있는 세상 살아 항시 행복하다.

구세주란 존재는 어떤 일을 하는가

구세주는 이 세상을 구원하는 주인이다. 이 세상을 구원하려면 길이고 진리이고, 생명인 이 존재가 와야 살릴 수 있다. 다시 말하면 세상의 주인이 와야 살릴 수 있다.

선천에는 우주의 정과 신이 주인이었고, 지금은 우주의 정과 신이 사람으로 와야, 사람의 마음속에 이 세상과 사람을 영원히 없어지지 않는 진리로 다시 나게 하여 완성시키는 것이다. 지상천극락이 실현되는 때이다.

천극락도 진리가 아니면 다 가짜가 아닌가. 이 세상에 있는 것을 있게 하고, 진리 나라 나게 하는 것이 구원이고, 구세주가 하는 일이다. 이 세상에 있는 정과 신은 우주의 만상을 창조하였고, 이 존재가 사람으로 와야, 실상세계인 진리의 나라에 나 있지 않은 만상만물을 진리 나라에 다시 나게 창조해 주시는 것이다. 그곳이 사람 마음속에 있다. 이 세상 자체가 진리가 된 자기 마음속에 있는 것이다. 지상천극락이 실현되고, 삶 죽음이 없고, 이 땅 이곳에서 이 몸으로 영원히 살 수 있는 꿈이 실현된다. 이때까지는 완

성이라는 것이 없었지만, 지금은 영원히 죽지 않는 세상이
사람의 마음속에서 이루어지는 때이다. 자기의 죄를 다 사
하는 자만이 갈 수 있는 나라이다.

구세주도 자기 속에서 찾아야 찾을 수 있다

구세주란 세상을 구원하는 주인이다. 세상을 다 구원하려면 세상의 주인이라야 구원할 수 있다. 세상의 주인이 사람으로 와야만 구원할 수 있는 것이다.

물질 창조주는 우주의 영과 혼이지만, 이 존재가 사람으로 와야 이 세상을 완성시킬 수 있고, 그 존재가 정신 창조주이신 것이다. 즉 물질 창조주가 사람으로 와야 정신 창조를 할 수 있다. 자기 속의 정신 창조주를 알려면 물질 창조주를 알고, 그 존재가 사람과 일치하는지를 알아야 세상을 다 구원하는 정신 창조주를 찾을 수 있다.

없는 헛세상에 살고 있는 세상과 사람을 참세상에 나게 하는 창조주가 구세주이고, 이것이 휴거이고 부활이고 구원이고 인친 것이고 영생천국 나 사는 것이다. 이 세상을 진리 나라에 나게 하여 살리는 것이 구세주이다.

참이 된 사람은 세상의 이치를 다 알게 된다

사람이 궁금함과 의문 의심이 있고 고통 짐이 있는 것은, 미완성인 자기의 마음속에 살아서이다. 이 마음의 세상은 살아 있지 않은 허상의 세상이다. 이것은 부모로부터 물려받은 습과 몸, 거기에 자기의 산 삶이 더해진 것이라 사람의 마음은 하나도 같은 이가 없다.

사람은 허상세계인 자기의 마음속에 살아서 미완성이다. 그래서 아는 것이 없고, 자기가 경험한 것만 가지고 안다고 생각하고 사나, 안다는 것도 허에서 나온 것이기에 그것도 거짓인 것이다. 이 허인 자기의 마음을 다 없애고 진리가 되어 다시 나면 궁금함과 의문 의심이 없고 고통 짐이 없다. 사람은 허라서 아는 것이 없으나, 참이 되면 세상의 이치를 다 알 수 있다. 가짜가 진짜가 되는 세상이다. 거짓의 세상에 있었던 이제까지의 수많은 이야기가 참세상이 되어 다 밝혀지는 때이다. 참이 된 사람은 다 알게 되는 것이다.

사람의 마음이 참마음이 되면

사람의 마음이 참마음이 되면 모든 것이 하나가 될 것이다. 세상이 하나가 되고 종교 철학 사상 학문이 하나가 될 것이다. 나라도 하나가 될 것이다. 싸움과 전쟁이 없고 평화만 있을 것이다. 이 세상 사람은 사람마다 가지고 있는 마음이 다르고, 그 다른 마음은 자기의 습에 산 삶인 업을 가지고 있기 때문이다. 그것은 세상 살면서 사진 찍은 마음이라 미완성이다. 사람은 세상과 겹쳐진 자기의 마음세상 속 살고 있어서 자기가 경험한 것만 가지고 안다고 생각하고 살고 있기에 다 가짜인 허이다. 헛세상 속에서 헛짓하다가 허라 없어지는 것이다. 사람의 마음에는 진리가 없어서 사람이 만든 모든 것은 다 가짜이다. 진짜가 되려면 그 마음속에 진짜인 진리를 있게 해야 진리가 될 수 있다.

세상은 종교 사상 철학 학문 일체가 다 미완성이라, 진리인 마음을 가져야 하고 진리 나라에 나 살아야 완성이 되는 것이다.

종교도 진리를 추구하는 것인데 각 종교에서는 진리를

찾아 진리가 되려고는 하지 않고, 진리를 하나님 부처님 알라라고 이름을 붙여 믿고, 그 이름을 부르고 기도하고 찬송하고 절하고, 멋진 교당도 짓고 있지만 사람 마음속에 있다던 진리이신 하나님 부처님 알라는 없지 않은가. 진리의 나라도 없지 않은가.

진리와 진리 나라가 있게 하려면 거짓인 인간마음인 업 습 몸을 없애야 진리가 자기 속에 있고 진리 나라가 자기 마음속에 있어 살 수 있는 것이다. 민주주의 사회주의도 미완성인 사람이 만들다 보니 어느 체제이든 완전하지가 않다. 세상이 하나가 되고 종교가 하나가 되려면 수만 가지인 사람 마음을 버리고 진리의 마음으로 바꾸면 모두가 하나가 될 수 있다. 마음에 진리가 없이 겉으로만 진리인 척 바른 척하니 계속 바뀌는 게 마음이다. 결국 거짓에는 수만 가지의 마음만 있고 진리는 없다.

사람이 참인 진리가 될 수 있는 대안이 있어 진리가 될 수 있다. 자기의 마음속에 살고 있는 미완성인 업 습 몸을 버리고 그 마음이 진리가 되고 진리 된 마음에서 다시 세상과 자기가 나서 진리가 되면 일체가 다 하나가 될 수 있다. 종교도 이념도 자기 것이 맞는다고 생각하고 사나 모두가 미완성이다. 그 마음이 진리가 되어야 다 맞는 것이 되는 것이다. 하나 자체가 되는 것이다. 이것은 추상적이고 관념적인 것이 아니다. 종교인도, 각 나라의 사람도 진리가 되게 하니 모두가 하나가 되고 참사람이 될 수 있다. 세계 모두가 하나인 나라가 되고 싸움도 없고 서로가 도와주고 살 것이다. 남을 위해 살 것이다.

성경에 주여 주여 하는 자가 천국 가는 것이 아니고 진실로 진실로 믿는 자만 간다고 한 말도 자기의 마음속에 참인 주를 가진 자만이 간다는 뜻이다. 가지고 있는 자가 진실로 진실로 믿는 자이다. 자기의 죄인 업 습 몸을 없앤 자만이 진리가 자기 속에 있는 것이다. 옛 자기가 다 죽고 참 자기로 다시 나서 참나라 사는 자만이 다 이룬 자이고 완성자이다. 자기 마음의 세상 속에서 이 세상이 다시 나 진리로 영원히 살 수 있을 것이다. 사람이 살아 있는 세상, 죽음이 없는 세상, 삶 죽음이 없는, 물질 창조에서 정신 창조의 시대가 된 것이다.

이 땅 이곳에서 이 몸으로 영원히 산다는 말은, 이 땅과 이 몸이 물질과 하나인 정신 자체로, 이 땅과 이 몸 자체로 영원히 산다는 뜻이다. 생사가 같은 것이다. 이 세상도 천지 만물만상이 다 살아서 완성되는 때이다. 옛사람이 다 죽은 자만이 새 세상에서 다시 나서 살 수 있다. 가짜인 자기가 다 죽은 자만이 갈 수 있는 것이다. 참만이 살 수 있다.

새 세상

이 세상에 있는 것 없는 것을 다 창조하는 때에 다 살리는 것은 천지의 창조주가 사람으로 와야 살릴 수 있다. 인간의 형상을 세상인 하나님을 닮게 만들었다는 말이 있다. 하지만 인간은 하나님인 이 세상을 복사하고 살아서 죄인이고, 자기의 마음속에 살아서 허상인 죽어 있는 세상인 것이다. 이것은 자기의 마음의 세상이기에 없는 것이다.

죄인, 업 습 몸인, 가짜인 자기의 마음을 없애면 참마음만 남는다. 이 자체가 우주의 영과 혼이고, 진리이고 창조주이시다. 내가 다 죽으면 우주가 남아 그 자체가 나의 마음이 되고 나의 마음과 우주가 하나이다.

하늘인 진리인 나의 마음에 진리의 주인인 구세주가 사람으로 세상에 왔을 때 세상을 구원하시는 것이다. 물질은 우주의 영과 혼이 낳고 창조하였지만, 이 세상을 완전히 완성시키는 것은 본래인 우주의 영과 혼인 사람의 마음에 다시 창조하시는 것이다.

진리가 된 마음에서 다시 난 세상은 진리가 되어 영원히 살아 있는 것이다. 이것이 우주의 완성이고 사람의 완성이며, 이것이 휴거이고 부활이고 인친 것이고 구원이고 영생 천국 나 사는 것이다. 살아서 진리의 새 세상 나서 사는 것이다. 이 땅 이곳에서 영원히 이 몸으로 사는 것이다. 물질의 이 땅도 이 몸도 아닌, 정신이 이 땅 이곳에서 산다는 뜻이다. 이 세상과 저세상이 둘이 아니고 하나이다.

물질의 세상인 이 세상은 없어지나

나의 마음에 나 있는 이 세상은 진리라

영원히 없어지지 않는 것이라

물질인 이 세상과 이 몸이

정신인 이 세상과 몸과 하나이라

영생불멸의 세상은 세상 주인인 사람이 구원하는 것이라

다 살리고 다 사는 때이라

사는 때에 다 살아야 하는 것이라

이 세상이 나기 이전의 세상은 우주허공이 있었고

이 허공의 영과 혼이

우주에 아니 계시는 곳이 없이 있는 것이라

여기에서 하늘의 천체가 났지만

주인인 허공에서 보면 우주는 있고 없고가 없는 것이라

영과 혼만 있어라

이 지구상에는 사람이 나 있어도 없는 것이라
지구도 없는 것이라
지구도 사람도 없고, 천체도 그냥 영과 혼이라
이 자체인 사람의 마음속에
이 세상과 사람을 다시 나게 하니
사람의 마음속에 우주가 다시 나서 완성이 되었구나
우주의 영혼의 주인이 사람으로 와서
이 세상을 구원하시고
창조하시고 인치시고 중생을 구제하시고 부활시키시고
진리의 새 세상을 창조하시구나
이 땅 이곳에서 영원히 살고 천국 극락 낙원이구나
이 땅이 불국토가 되었구나
수많은 이야기가 참세상 나서 보니
모두가 헛된 이야기이구나
모두가 거짓이구나
헛세상서 헛꿈 꾸며 헛짓하는 사람은
허가 무엇인지 참이 무엇인지를 알지 못하지만
참세상 난 자는 참도 알고 허도 알아 지혜로 살구나
새 하늘 새 땅이 진리의 나라이고
여기서 사는 자가 지혜자라

인간마음이 우주다

창조주가 세상에 다시 나게 하여 사는 세상은 인간의 마음이다. 구세주인 창조주도 사람이다. 성경에 보면 사람을 하나님을 닮게 만들었다는 말이 있다. 사람이 세상을 사진 찍어 만든 마음이 세상인 하나님과 닮아 있어서 닮았다고 하고, 또 우주의 정과 신이 사람의 참마음과 하나라서 닮았다고 하였다.

사람의 마음과 우주가 하나라서 내가 죄인 업 습 몸을 다 버리면 우주의 정과 신이 내 안에 남아 이 자체가 나의 마음이다. 우주와 하나다.

사람은 자기 마음속에 있는 것만큼 말하고 산다. 자기 속에 진리가 있으면 진리를 알고 진리 나라 나 있으면 진리 나라를 알 수 있다. 자기 속에 있는 것만큼 알 수 있다. 마음에 참세상의 마음이 있고 참세상 나 있으면 다 이룬 자인 것이다. 무한대 우주가 내 안에 있어서 정과 신이 있고 진리인 이 존재가 다시 나 있으니 이 땅 이곳이 불국토인 것이다. 천국 극락 낙원이다.

참나라

하나님 부처님 알라 한얼님의 존재가 진리다. 각 종교에서 진리의 이름을, 기독교에서는 하나님, 불교에서는 부처님, 이슬람교에서는 알라, 한국에서는 한얼님이라고 그 이름을 붙인 것이다. 이 존재는 사람의 마음속에 있어야 있는 것이지, 없으면 없는 것이다. 진리가 사람의 마음속에 있고, 진리의 나라가 사람 마음속에 있어야 살 수 있다. 자기 안에 없으면 없는 것이다. 진리인 참세상이 내 안에 있는 자만이 그 나라 살 수 있다.

천국 극락 낙원도 진리 나라인 사람의 마음에 있는 자가 천국 극락 낙원에 간 자다. 살아서 이 나라에 가 있어야 이 나라 나 있는 것이지, 사람의 마음에 없으면 없어서 가지 못할 것이다. 이 세상인 진리 세상과 사람의 마음이 하나이기에 그러한 것이다. 망념인 내가 다 죽으면 참인 정과 신이 내 안에 있고 그 나라에 창조주가 다시 나게 하면 이 땅 이곳이 천극락인 것이다. 영원히 없어지지 않는 진리의 나라이고 참나라이다. 이 땅 이곳이 내 안에 있다.

진리가 하는 일이란

진리란 이 세상에 있는 무한대 우주허공의 정과 신이다. 이 자체가 비물질적인 실체라 아무것도 없는 허공에 영이 존재하고 또 혼이 존재하는 것이다. 이 존재는 아무리 지우려고 해도 없어지지 않는다. 경도의 불에 없애도 없어지지 않는, 물질 너머의 자리인 것이다. 이 존재가 천지 만물 만상의 근원이고, 이 존재가 물질 창조주이다. 만상은 여기서 나서 여기로 가는 것이다. 이 존재가 정신 창조주가 되어야 이 세상에 있는 만상만물이 다 구원될 수 있다.

그러려면 첫째로 창조주이신 정과 신이 사람으로 와야 하고, 정신의 자식이 와야 한다. 삼위 일체라, 이 존재가 길이고 진리고 생명이다. 자기의 죄인 업 습 몸을 버리게 하여 진리에 가게 하고, 진리인 마음에 이 세상을 다시 창조하니 자기 속에 천극락이 있는 것이다. 죄가 없는 자만이 갈 수 있다. 완성자이고 다 이룬 자이다. 진리인 사람은 만상을 진리가 되게 한다.

미완성의 세상

이 세상에 나 있는 천지 만물만상은 모두 다 있다가 없어지는 미완성의 불질이다. 이 자체는 일체 이 세상에 난 바도 없고 없었던 것이다. 허상이며 세상에도 없는 사람이 창조가 되었다고 말하고 있으나, 이것은 사람의 망념인 것이다. 이 세상에 나 있는 만상은 모두 다 허공의 정과 신이 물질 창조를 한 것이다.

이 세상에 있는 만상은 모두가 있다가 없어지는 미완성이라, 이 우주를 완성시킬 수 있는 완전한 창조를 하는 것이 진리 본래의 뜻 아닌 뜻일 것이다.

물질이 다 사라지고 없으면 아무런 의미와 뜻이 없을 것이다. 이 자체가 다 창조주의 자식이고 그 자체이기에, 있게 하고 살리는 때가 있을 것이다.

천지 만물만상이 나기 이전의 자리에는 무한대 우주의 허공만 있지 않은가. 거기에서 보면 이 세상에 천체가 나와도 창조된 바가 없는 것이다. 본바닥에서 보면 일체가 영과 혼인 것이다. 사람의 입장에서, 세상과 겹쳐진 마음세상에서 보면 창조가 되었다고 하나 그것은 헛세상 살고 있는 사람의 마음이라 없는 것이다. 그래서 지구에 나 있는 만상도 없는 것이다.

일체가 없어도 있어도 우주 입장에서 보면 모두 다 없는 것이다. 그래서 이 세상은 살아 있지 않은 미완성이다. 진리로 이 세상을 다시 나게 하려면 사람의 마음속에서 다시 나게 해야 완성이 될 수 있다. 사람의 마음이 진리인 우주의 정과 신이 되게 하여 그 나라에 다시 나게 하면 진리라 없어지지 않을 것이다.

성경 불경 코란에도 하나님 부처님 알라가 마음속에 있다고 했고, 천국 극락 낙원도 마음속에 있다고 했다. 허상인 인간의 죄인 업 습 몸을 없애면 이 세상의 주인이신 허공의 영과 혼이 남고 만상이 있어도 없어도 일체가 영과 혼이다.

이 자체가 진리이고, 성령 성혼의 하나님이시고, 보신 법신불의 부처님이시고, 알라이시다. 거짓의 나가 일절 없고 내가 이 자체가 되어서 다시 나야 살 수 있다. 창조주이고 참세상의 주인이신 사람만이 다시 나게 할 수 있고 살릴 수 있다. 이 세상이 진리의 세상이라 영원히 살 수 있다. 천국 극락 낙원이라.

살아 있을 때 천국 극락 낙원이 마음속에 없는 자는 갈 수 없다. 이 나라는 진리의 나라인 이 땅 이곳이고 이 나라는 하나님 부처님 알라의 나라이다. 이 세상에 진리보다 더 지고하고 거룩한 존재는 없을 것이다. 이 존재는 영원 불변의 존재이고 살아 있는 존재이다. 이 세상에 있는 물질이 진리의 존재로 다시 나면 물질은 없어져도 그 진리인 영혼은 그냥 있는 것이다.

무한대 우주는 정과 신이라, 여기에서 보면 이 세상에 있는 천체는 없는 것이다. 이 지구도 진리 입장에서 보면 없는 것이고, 사람은 자기의 마음세상 속에 살기에 없는 것이다. 만상이 있다고 생각해서 창조라고 하나 세상에 살지 않고 세상을 복사하여 살고 있는 가짜인 헛세상 살고 있는 사람이라 없는 것이다. 무한대 우주에서 보면 일체가 없는 것이다. 이 세상에 있다고 생각하는 것 일체는 개체가 참세상에 나 있지 않은 물질이라 없는 것이다. 물질은 있으나 없으나, 없는 것인 영과 혼이다. 물질이 아닌 정과 신으로 다시 나야 있는 것이다.

있다는 것은 인간의 망념이 있다고 생각하는 것이다. 이 세상은 참인 진리 입장에서 보면 창조가 된 바도 없고, 있는 것도 아니고, 있고 없고가 다 우주허공의 영과 혼이다. 이 세상을 있게 다시 창조하여야 영원히 살 수 있을 것이다.

세상 주인이 유정인 사람으로 와서 다시 나게 해야만 살 수 있다. 이것이 없는 것을 있게 하는 것이다. 다시 창조하는 것이고, 하늘인 진리 나라에 나게 하는 휴거이고, 이 세상이 하늘나라에 공중들림이 된 것이다. 죽은 것이 살아나는 부활이고, 인친 것이고 구원이고, 중생 구제이고 영생천국이고, 극락이며 낙원인 것이다.

자기 마음속에 진리이신 하나님 부처님 알라가 있고, 천국 극락 낙원이 있으니, 허가 참나라 나서 영원히 살 수 있어 이것이 다 이룬 것이고 완성이 된 것이다.

없는 세상에서 있는 세상으로 난 것이다. 죽어서 산 것이다.

일체가 영과 혼이다

자기가 다 죽으면 영과 혼만이 남고, 자기가 일절 없으면 영과 혼만이 남고, 자기의 업 습 몸이 없으면 영과 혼만이 남고, 내 마음 자체가 무한대 우주의 영혼이다. 이 자체가 된 자를 진리인 하나님의 말씀으로 다시 나게 하신다. 이 세상과 자기가, 다시 나라고 하면 자기의 마음속에서 다시 나서 살 수 있는 것이다. 새 하늘 새 땅은 인간마음에 있고 인간마음이 우주다.

인간마음과 우주가 따로 있음이 아닌 하나 자체라, 내 안에 우주가 있고 진리 된 만상이 내 안에 있다. 내가 세상 나기 이전에도, 이 세상의 천체가 있기 이전에도 무한대 우주의 영과 혼이 있었고 여기에 수많은 천체가 있어도 영과 혼이 있는 것이다. 있고 없고 일체가 그냥 영혼이다. 지구도 영혼이고 지구에 나 있는 사람과 동식물 일체가 모두 본바닥에서 보면 영과 혼이다.

참세상에 살지도 않는 사람이 이 세상이 있다고 생각하고 창조가 되었다고 하나 그것은 헛세상인 마음세상에서 사는 인간의 마음이다. 근원이고 진리인 본바닥에서 보면 있고 없고 일체가 본바닥이다. 세상의 천지 만물만상은 난 바도 없고, 없는 것인 영과 혼인 진리이다. 만상이 있었던 적도 없고 창조된 바도 없었던 것은 개체가 생명의 나라에 나 있지 않아서이다. 개체가 물질로 있는 것은 없는 것이다. 그 물질은 그 수명만큼만 살다가 다 없어지는 미완성이고 진리에서 보면 없는 것이다.

세상의 구원은 사람인 세상 주인이 한다

각 종교에서 구세주가 온다, 미륵이 온다, 정도령, 대두목
이 온다고 예언한 것은 세상을 구원하는 존재가 온다는 예
언이다. 이 존재인 구세 성인이 온다고 한 것은 사람이 온
다는 뜻이다. 이 세상을 구원하는 것은 세상 주인만이 가
능할 것이다. 미완성 시대에는 우주의 영과 혼이 만상을
있게 하였고, 이 영과 혼의 존재가 사람으로 와야 사람과
이 세상을 사람의 마음속에 구원하실 수 있다. 길이고 진
리이고 생명이시라.

완성의 시대

사람의 죄인 업 습 몸을 버리게 하는 것이 완성의 시대가 되는 길이다. 진리에 가게 하고, 거기서 다시 나게 하는 것이다. 죄 사함을 한 인간의 마음에 우주마음인 영과 혼만 남고 여기에서 다시 나면 그 존재의 말씀에 이 세상과 자기가 자기 마음속 진리의 나라에 다시 나서 살 수 있다. 이것이 없던 세상에서 다시 나 우주의 완성이 되는 것이며, 창조이고 휴거이고 진리로 난 것이고 부활이고 인친 것이고 구원이고 영생천국 나서 사는 것이다. 이 땅 이곳이 내 안에서 다시 나, 이 땅 이곳에서 나와 세상이 진리로 영원히 사는 것이다. 우주 완성의 시대이고 인간 완성, 세상과 만상의 완성 시대이다. 이 세상의 것이 모두 다 부활이 되고 다시 창조되어 영원히 사는 때이다. 진리인 인간마음 속에 있는 우주와 참세상에 있는 우주가 하나이고, 이 나라 나 있는 우주의 있고 없고 일체가 모두 자기 속에 나서 자기가 주인이다. 사람이 있어서 만상이 있다.

사람이 진리로 난 세상이 있어서 사람이 주인이고, 있

고 없고 일체도 사람이 있어서 세상이 있고, 사람이 없으면 세상이 있어도 아무런 뜻 의미가 없다. 우주의 완성 시대에 거짓인 자기의 죄 사함을 다한 자는 죽지 않고 영원히 살 수 있다. 살아 있으나 죽으나 모두가 살아 있는 완성의 나라에 사는 사람은 일체가 꿈 같을 것이다. 살아서 자기 마음 안에 완성된 나라가 없는 자는 없기에 살지 못할 것이다.

내 마음속에 있어야 있는 것이다

내 안에 하나님과 하나님 나라가 있다. 내 안에 있지 않으면 나는 그 속에 있지 않아서 살아 있지 않다. 나의 마음속에 있지 않으면 없는 것이라, 나의 마음속에 있어야 있는 것이다. 자기가 만든 마음세상인 죄의 세상에 사는 사람은 죄인인 자기가 죽으면 없는 세상이라, 죄인도 그 세상도 없다. 그 죄인과 죄인의 세상에 가짜가 다 없어지면 진짜가 나타나고, 그 진짜가 허공의 영과 혼이시다.

가짜인 나와 세상이 없으니
오직 진리인 영혼만이 있구나
이 자체가 나의 마음이구나
가짜인 나가 없으니 또 세상이 없으니
진리인 영과 혼만이 있구나
여기에서 진리의 주인이신 사람인 진리께서
이 세상과 나를 다시 나게 하시니
내 안에 있는 진리 나라에

나와 진리의 세상이 다시 났구나
일체가 나의 마음속에 있고
눈 감으면 본바닥이 눈을 뜨면 세상이 있구나
내 안에 있구나
헛세상에서는 아무것도 아는 것이 없고
궁금함과 의문 의심이 있었으며 고통 짐이 있었으나
새 세상에는 궁금함과 의문 의심이 없고
스트레스와 고통 짐이 없구나
다 살아 있는 나라이고 자유고 해탈의 나라이라
거짓의 나가 없으니 크게 쉬고
일체의 것으로부터 다 벗어나 있구나
인간 시절 가졌던 관념 관습이 없어졌구나
그냥 보고 그냥 살구나

정신 창조의 시대

죽느냐 사느냐가 문제이다. 사람이 이 세상 살다가 죽으면 그 마음에 무엇을 가지고 있느냐에 따라서 죽고 살고가 결정될 것이다. 자기의 마음속에 헛마음인 산 삶만 가지고 있는 자는 죽으면 생각도 못 할 것이고 의식도 없을 것이다.

죽은 자는 자기 속에 거짓마음만 가지고 있다가 죽음으로 인하여 그 거짓의 자기마저도 없어지니, 아무것도 없을 것이다. 사람의 죄인 업 습 몸이 자기의 마음속에 있는 사람은 그 죄를 사하지 않고는 살 수 없다.

자기의 죄를 사하고 진리가 자기 속에 있고 진리 나라에 세상과 자기가 나 있는 사람은 가령 몸이 죽었다고 하더라도 진리인 자기의 마음속에 이 세상과 자기가 진리 나라에 나 있기에 살아 있는 것이다. 자기가 없어져도 자기의 마음속에 다시 난 이 세상과 자기가 진리로 나 있어서 그냥 살아 있는 것이다.

살아 있으나 죽으나 하나 자체이고 물질인 자기가 없어져도 그냥 있는 것이다. 이 땅 이곳에서 영원히 사는 것이다. 정신 창조의 시대에 정신 창조가 되어, 이것이 우주의 완성이고 사람의 완성이다. 만상만물이 완성되는 시대이다.

물질 창조는 우주허공의 영과 혼이 하고, 정신 창조는 진리인 영과 혼의 존재가 사람으로 와야 하는 것이다. 이 세상은 이때까지 창조된 바도 없고 일체가 없는 영과 혼이었으나, 진리가 된 사람의 마음속에 다시 난 이 우주 무한대에 있는 만상은 다시 창조되어 구원되었고, 부활이 되었고, 인친 것이 되었고, 휴거가 되었다. 영생천국이 살아서 이루어져 사는 때이다. 창조는 정신 창조가 완전한 창조다.

인간 완성의 때다

사람의 완성이라는 것은 영원히 죽지 않고 살아 있는 것이 완성이다. 사람이 완성되려면 자기의 죄인 업 습 몸을 버려 자기의 마음이 정과 신만 남아야 한다. 그 자체가 우주 허공의 정신이라, 그 존재가 진리이다. 가짜인 내가 죽고 내 안에 진리만 남아야 한다.

여기서 진리 나라의 주인이신 사람이 나의 마음속에 다시 창조하여 주실 때 이 세상과 내가 나의 마음속에서 다시 나니 이 땅 이곳이 나의 마음의 세상이 된다. 이곳은 아무리 없애도 없어지지 않는 진리다. 그냥 있는 진리이다.

윤회는 있는가, 없는가

흔히들 사람이 죽으면 육도 윤회를 한다거나 다른 세상에 간다고 믿는 사람들이 많다. 하지만 사람은 죽으면 아무것도 없다. 미완성인 물질로 창조된 것이어서 없어지면 일체가 없어진다. 불교에서는 지수화풍으로 와서 지수화풍으로 흩어진다고 하고, 기독교에서는 한 줌의 흙만 남는다고 하고 있으나, 물질이 없어지면 아무것도 없는 것이 당연한 세상의 이치이다. 이 세상에 나 있는 물질은 본바닥에서 와서 본바닥으로 간다. 물질의 세상에 나 있는 것은 일체가 그 물질의 수명만큼 살다가 없어진다.

종교에서는, 기독교는 예수를 믿고 죽으면 천국에 가고 믿지 않으면 지옥 간다고 말하고 있고, 불교는 착한 일을 한 자는 극락 가고 나쁜 일을 한 자는 지옥 간다고 하고 있다. 이것은 정신 창조의 시절에 자기의 죄인 업 습 몸을 버리고 자기 마음이 진리가 되어 거기서 진리 주인의 말씀에 다시 나는 곳이 천국이라는 말이다.

자기 속에 진리가 있고, 자기 속에 진리의 나라가 있어야 천국에 살 수 있는 것이다. 극락이라는 것도 자기의 죄인 업 습 몸을 버리면 상락아정常樂我淨을 깨칠 수 있고 극락에 살 수 있다. 어디에서나 구세 성인이 사람으로 왔을 때 다시 나게 하실 수 있다.

진리가 된 자기의 마음속에 진리의 세상을 다 구원하시니 이것이 창조이고 부활이고 휴거이고 인친 것이고 영생천극락이다.

사람이 죽지 않는 방법

사람은 이 세상 나서 이 몸으로 살다가 없어지면 없어지는 것이다. 이 세상의 물질 창조를 우주의 정신이 했듯이, 이 정신 자체가 사람으로 와야만 사람 마음에서 죄인 업 습 몸을 없애고 진리 마음이 되게 하여, 거기에서 세상 주인이 세상과 자기를 창조해 주면 정신 창조가 되어서 영원히 살 수 있다.

이 세상은 창조된 바가 없다. 사람의 마음에서 있다 없다 생각하나, 그것은 가짜인 사람이 만든 마음이다. 진리에서 보면 일체가 정과 신이다.

사람 마음이 참이 되게 하고, 세상 주인이 말씀으로 다시 나라고 하면 이 세상에 있는 만상은 진리로 다시 나서 살 수 있다. 이것만이 죽지 않는 방법이다. 사람이 죽지 않는 방법은 진리인 이 세상에서 진리로 다시 나는 것이다. 자기의 죄인 업 습 몸을 버린 자만이 진리가 자기 마음이 되어서 다시 나 살 수 있는 것이다. 지금이 영원히 살 수 있는 때이다.

회개하는 자만이 살 수 있을 것이다. 가짜인 자기 마음 세상에서 살고 있는 자기가 없고 참세상에서 다시 나야 살 수 있다.

사람이 참세상인 하늘나라 가는 방법

사람은 세상의 마음과 하나이지 않고 세상과 겹쳐진 자기 마음의 세상 속에 살고 있어 미완성이다. 사람의 마음속에는 진리인 하늘이 없고 자기의 업 습 몸이 자기 마음속에 있어서 헛것 가지고 있는 것이 사람인 것이다. 이것을 버리면 자기 마음속에 진리인 하늘이 있고 여기에서 다시 나면 하늘나라 간 자이다.

진리의 주인이 길이고 진리고 생명이시라, 세상에 왔을 때 업 습 몸을 닦게 하여 마음이 진리가 되고 진리인 마음에 참세상을 창조해 주시니 이 자체가 휴거이고 부활이고 구원이고 인친 것이고 영생천국 나 사는 것이다. 살아서 진리 나라에 가지 않고 진리 나라 나 있지 않으면, 죽으면 죽고 말 것이다.

사람이 있다고 생각하는 것은 다 없는 것이다

허인 사람 마음속에 세상이 있어서 사람은 가짜의 세상에 사는 것이다. 사람이 있다고 생각하는 것은 다 없는 것이다. 사람이 말하는 것은 다 가짜인 것이다.

참이 오기 전에는 있다고 하는 것은 다 가짜이다. 이 세상에는 아무것도 없는 것이다. 있다고 생각하는 것은 가짜인 사람의 마음이다. 가짜인 사람이 다 죽으면 진리인 마음이 있고 그 나라에 다시 나야 있는 것이고 창조가 된 것이다.

진리 된 마음속에 있는 것만 있다

없는 세상이 있는 세상으로 바뀌어야 한다. 없다고 하는
것은 사람의 마음속에 없어서 없는 것이다. 사람이 헛세상
살고 있어서 없는 것이다. 진리에서 보면 이 세상은 난 바
도 없고 창조가 된 바도 없다. 가짜인 사람만이 있다고 생
각하고 있으나 진리인 우주 입장에서 보면 없는 것이다.
이 세상은 난 바도 없고 창조가 된 바도 없으나 인간마음
이 있다고 생각하는 것이다. 이 세상이 있으려면 진리 된
사람의 마음속에 창조가 되어야 한다. 진리 된 마음속에
있는 것만 있다.

진리 창조란

진리 창조란 하나님과 하나님의 나라가 마음속에 있게 하는 것이다. 거짓인 사람이 다 죽고 근원인 본바닥이 자기 마음이 되어서 창조주께서 이 세상을 다시 창조하여 주시면 내 안에 이 세상이 다시 나서 진리의 나라가 되어 죽지 않고 사는 것이다. 지금 살고 있는 이 땅 이곳이 나의 마음속에서 다시 나 진리라 영원히 살아 있는 것이다.

이 나라가 하나님 부처님 알라의 나라인 진리의 나라이다. 인간의 궁극적인 목적이 이 나라 가서 사는 것이고 진리라 산다. 인간이 이 세상 나서 사는 이유와 목적이 이 나라 가기 위함이고, 각 종교의 궁극적인 목적도 이 나라 가서 사는 것이다. 죽음이 없고 영원히 산다는 것은, 진리인 우주의 에너지 빛 자체라, 만상이 여기에서 나서 이 땅 이곳에서 영원히 산다는 것이다.

세상에서는 구세주 재림예수 미륵 정도령 대두목이 와서 세상을 구원한다고 하고 각 종교가 자기네 종교에서 나온다고 생각하고 믿고 있으나 진리 나라에 데리고 가는 존재는 세상 사람이 알지 못한다. 그 이름과 종교에 있지 않기 때문이다.

진리 나라로 데리고 가는 곳이 있다면 그곳이 진짜가 아니겠는가. 그 이름이 재림예수이어야 하고 미륵 정도령 대두목이어야 하고, 종교가 기독교 불교 이슬람교여야 하는 것이 아닌, 진리 나라에 데리고 가는 것이 진짜가 아니겠는가. 인간의 궁극적인 목적과 종교의 궁극적인 목적을 이루는 곳이 진짜이지 않겠는가.

한 종교의 예언서에도 구세주는 판밖에서 나온다고 했다. 자기 마음속에 있는 진리 나라에 데리고 가는 자만이 진짜일 것이다. 하나님이 여기 있다 저기 있다고 하는 것을 믿지 말아라, 너희 안에 있다고 했고 하나님 나라도 너희 안에 있다고 했다.

이곳이 진리의 나라이고 진리인 것이다. 진리가 아니면 다 가짜가 아니겠는가. 진리만이 진짜가 아니겠는가. 이 나라는 사람이 살아서 가야만 하고 이 나라는 삶 죽음이 없는 하나의 나라이고 궁금함과 의문 의심이 없고 일체에서 벗어난 해탈의 나라이다. 이 나라 나 있는 자만이 인간 완성, 우주 완성의 나라에 나서 사는 존재다. 이 나라 데리고 가는 존재는 그 이름에 있지 않고 종교에도 있지 않다.

구세주가 판밖에서 온다고 한 것은, 그 존재는 이름에도 종교에도 있지 않다는 뜻이다. 진짜 나라 데리고 가서 나게 하는 자가 진짜이다. 이 진짜의 존재도, 진짜의 나라에 데리고 간다는 곳에 가서 자기 마음속에서 찾아야 한다. 자기 마음속 진짜의 나라에 데리고 가는 사람이면 그 존재가 진짜일 것이다.

그 진짜의 존재만이 길이고 진리고 생명이시라, 진리 나라에 데리고 가실 수 있는 것이다. 이 세상의 주인이고 진리이라, 세상과 사람을 구원하실 수 있다. 그 말씀에 이 세상을 다 창조하실 수 있고, 그 말씀에 다시 나지 않고는 살 자가 없다.

이 세상은 무정인 우주가 주인일 때는 있고 없고의 일체가 본바닥인 없음이라, 이 세상의 만상은 난 바도 없고 있는 바도 없었으나, 가짜의 세상 사는 인간만이 있다, 창조가 되었다고 하는 것이다.

거짓인 나의 업 습 몸이 다 죽고 진리의 나라 다시 나 보니, 일체가 진리인 본바닥에서 보면 없었던 것이다. 허공이 주인일 때는 아무것도 없는 세상이었고, 이 존재인 진리가 사람으로 왔을 때 이 세상과 사람이, 사람 마음의 진리 세상에 다시 나서 있는 것이다. 인간이 있어서 다시 창조한 이 세상이 있는 것이다. 이 땅 이곳에서 영원히 사는 것이다.

창조는 유정인 세상 주인인 사람이 하는 것이다. 다시 나라고 하면 사람 속에서 세상과 자기가 다시 나서 영원히 살 수 있다. 이 세상의 창조는 구세주이신 이 존재가 하는 것이다. 일체가 없던 것을 다시 창조하시어 살리는 것이다. 진리 세상에 나 있지 않으면 없는 것이다. 자기의 마음속에 있는 것만이 있는 것이다. 자기의 마음속에 없으면 없는 것이다. 있다는 것은 자기 속에서 다시 난 세상이 있는 것이고 이 땅 이곳이 나의 마음이 되어서 내 안에 창조주의 말씀으로 나 있는 세상은 죽음이 없이 살아 있고 진리라 있는 것이다.

이 나라는 진리라 영원히 내 안에서 살아 있어 이것이 세상 완성, 우주의 완성, 인간 완성이다. 이것만이 진리 창조다. 이 나라 나 있는 것만이 창조가 된 것이다.

2부
내 안의 진리를 찾아주는 마음의 로드맵

GPS를 사용하여 현재 위치에서
원하는 목적지로 안내 받을 수 있는 것처럼
살아 있는 동안 진리를 찾을 수 있게 하는
마음의 지도를 제시해 드립니다.

내 안에 하나님 부처님 알라 한얼님과
천국 극락 낙원 한얼님 나라가 있다

사람은 그 마음에 가지고 있는 만큼 말하고 행하고 살아간다. 사람은 살아오면서 세상의 것을 눈 코 귀 입 몸에 의하여 사진 찍는 카메라라 죄인이고 그 필름이 마음에 있어 이것은 실상이 아니고 가짜이다. 그 가짜가 시키는 대로 살아가고 있으니 헛세상에서 헛꿈 꾸며 헛짓하고 사는 것이다. 이 헛것만 마음속에 가지고 있으니 하나님 부처님 알라 한얼님이 없고 그 나라도 없다. 하나님이, 천극락 낙원이 사람의 마음속에 있을 때 하나님도 알 수 있고 천극락 낙원에도 나서 살 수 있다. 살아서 이 나라 간 자만 그 나라를 가지고 있기에 영원히 살 수 있다. 그래서 산 삶인 업과 부모로부터 물려받은 습과 이 몸을 없애면 천지만물의 근원이고 진리인 본바닥으로 되돌아가서 거기서 다시 나면 하나님 부처님 알라 한얼님이 내 마음에 있고 천극락 낙원 신선세계가 내 마음에 항시 있어 살아서 천극락 낙원 신선세계에 가서 영원히 살 수 있다. 이 참세상이 항시 마음속에 없는 자는 가지 못할 것이다.

이 몸이 죽어서 천극락 낙원 신선세계에 가는 것이 아니고 살아서 천극락 낙원 신선세계에 가야만 하는 것이다. 항시 내 안에 하나님 부처님 알라 한얼님이 있어야 하고, 그 진리인 나라가 내 안에 있어야 한다. 사람이 진리의 나라인 이 나라에 가지 못하고, 사람에게 진리와 진리의 나라가 없는 것은 성인, 의인이지 않은 자기의 마음속에 살아서이다. 헛것이고 가짜인 자기를 다 버려 진리이고 참인 참세상 가진 자가 성인이고 의인인 것이다.

사람이 어떻게 영원히 살 수 있는가

우리는 사람이 죽으면 저세상 가서 사는 줄 아나 사람은 죽으면 아무것도 없다. 죽음이란 삶이 없어지는 것이고, 삶이 없다는 것은 살아 있을 때의 그 몸 마음 생각 일체가 없어지는 것이다. 자기 옆에 사람이 한 명 죽어 있다고 생각하여 보자. 이 사람은 죽었으니 생각도 하지 못하고 감각도 없을 것이다. 이 존재를 화장하면 아무것도 남는 것이 없다. 살았을 때의 일체의 것이 없는 것이다. 이 세상에 있는 모든 물질은 일회용이고 내세는 없다. 그러나 그 가짜가 다 죽고 다시 나고 거듭나면 또 부활하면 영생할 수 있다. 살아서 하나님 부처님 나라 가서 다시 난 자만 영생천극락에서 살 수 있다. 영원히 사는 방법은 회개하는 것이다. 또 진짜가 되는 곳만 진짜이고 진짜가 안 되면 다 가짜일 것이다.

지금까지 진리인 완성이 되지 않았던 것은
방법이 없어서였다

사람이 미완성인 것은 진리인 세상을 등지고 세상의 것을 자기의 마음세상에 만들어 그 속에 살고 있기 때문이다. 과학자들이 추정하건대, 칠십 조라는 사람이 살다 갔다고 한다. 하지만 아무도 완성이 되지 못한 것은, 사람은 헛세상인 자기 마음속에 살아서 세상 입장이 되어 보지 못하여 그 방법이 없었기 때문이다.

그러나 세상 입장인 사람이 나오면 인간이 헛세상에서 고통 짐 지고 사는 것도 알 수 있고, 헛세상인 없는 세상 사는 것도 알 수 있고, 세상의 이치도 진리로 다 알 수 있다. 인간 완성이 되는 방법도 진리 존재가 사람으로 왔을 때 지혜가 있어 알 수 있을 것이다. 참이고 진리인 사람에게 그 방법이 있을 것이다. 미완성의 인간의 업 습 몸을 다 버리고 세상 마음이 되게 하여 다시 나게 함이 방법이다.

허인 사람이 참이 되려면

허인 사람이 참이 되려면 회개하지 않고는 될 수 없다. 가짜가 진짜가 되려면, 가짜를 버리고 진짜에서 거듭 다시 나야 한다.

깨침이란

가짜인 내 마음을 닦아서 진짜가 된 만큼 알게 되는 것이 깨침이다. 성경에는 사람이 마음으로 믿어 의에 이르고 입으로 시인하여 구원에 이른다고 되어 있다. 이것도 마음이 깨쳐서 이것이구나 알아지는 것이다. 허가 참이 되려면 그 가짜인 마음이 버려진 만큼 깨쳐지니 완성이 될 때까지 많이 깨쳐야 한다.

전지전능이란

성경에 보면 하나님을 아는 것이 지혜의 근본이라는 말이
있다. 사람은 아는 것이 없다. 이것은 자기가 경험한 것만
가지고 살고 있기에 그 마음에 진리가 없어 지혜가 없는 것
이다. 무한대 우주의 허공이며 또 만상에도 존재하는 우주
자체가 하나님 부처님 알라 한얼님인 것이다. 이 자체가 되
어 다시 나면 세상의 이치를 다 알 수 있고 또 이 자체에서
이 세상의 천지 만물만상이 나서 전지전능한 것이다.

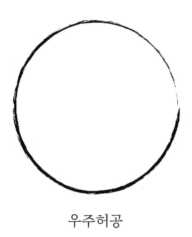

우주허공

우주허공, 이 자체가 본래인 진리다. 이것이 천지를 다 창조하였고 만상은 여기서 나서 전능한 것이다. 또 진리 존재인, 유정인 사람이 왔을 때 이 세상과 사람이 구원될 수 있다.

회개, 참회, 업장 소멸, 죄 사함은
어떻게 하는 것일까

예수님이 말씀하시길 나는 길이요 진리요 생명이다라고 했다. 회개, 참회, 업장 소멸, 죄 사함의 방법이 길일 것이다. 이 세상에는 그 방법이 없어 사람이 성인, 의인이 되지 못했다. 진리 존재가 사람으로 세상에 와야만 이 방법이 나올 수 있다. 사람이 죄인인 것은 사람은 헛세상에 살고 있어서 가짜이고 세상인 진리를 등지고 살기에 죄인인 것이다. 사람은 한 사람도 의인이 없는 것은 업과 습과 이 몸 자체가 헛것이라 가짜이기 때문이다.

업을 없애기 위해서는 1. 기억된 생각 버리기 2. 자기의 상과 인연의 상 버리기 3. 자기 몸 버리기 4. 자기의 몸과 우주 버리기 I 5. 자기의 몸과 우주 버리기 II 6. 자기가 없어져 우주 되기 7. 헛세상과 나 없애기를 해서 업을 없애야 한다.

습은 자기 몸을 없애면 그 속에 있는 습이 나타나니, 그 것을 버리면 된다. 자기 몸 없애기를 하면 이 세상만 남는다. 내 마음이 참세상이 되어 보면 하나님 부처님 알라 한얼님을 보고 알 수 있고 이 나라 다시 나면 천극락 나서 살 수 있다. 가짜인 나를 없애면 인간 완성이 될 수 있다.

사람이 이 세상에 난 이유는

사람이 이 세상 난 이유와 목적은 인간 완성이 되어 영원히 살기 위해서이다. 인간이 이 세상에 난 것은 칠백만 년 전이라고 과학자들은 이야기하고 있다.

인간이 하나님을 닮게 창조되었다는 것은, 하나님은 세상이라, 이 세상의 것을 인간의 마음의 세상에 사진 찍어 가지고 있기에 하나님을 닮았다는 것이다. 이 마음은 개인적인 마음이라 자기가 경험하여 사진 찍은 것을 가지고 안다고 생각하고, 자기중심적인 마음에 자기만 맞는다고 생각하고 살아가고 있다. 가짜의 삶이고 헛세상 사는 삶이라, 사람이 죽으면 아무것도 없다.

완성을 향한 삶이 계속되어 오면서 인간은 수없는 전쟁을 하였고, 자기의 나라와 자기 것을 만들려고 노력하였으나, 이 또한 이 세상에 인류가 많이 있을 때 인간을 구원해야 많은 이를 구원할 수 있다는 진리 주인의 뜻일 것이다.

사람이 미완성인 것은 자기 마음의 세상 살아서이다. 이 미완성인 마음의 세상을 없애고 참인 또 진리인 우주의 마

음의 세상을 가지고 다시 나면 완성이 되는 것이다. 원래
부터 인간을 완성되게 하였으면 결혼을 하지 않아서 이 세
상에는 사람이 없었을 것이다. 이제는 인간과 세상을 진
리 된 사람의 마음속에 다 구원하여 살리는 때인 추수하는
때다. 세상에 사람이 많아져서 오랜 세월 기다려온 구원이
시작될 때, 참세상에 다시 나는 것이 사람이 난 이유와 목
적이다.

참인 진리가 내 마음에 있는 자는
참도 허도 다 알 수 있다

하나님 부처님 알라 한얼님은 공히 진리의 존재이고, 천국 극락 낙원 한얼님 나라는 진리의 나라이다. 세상에 가짜인 나가 없고 내 마음이 참세상이 되었을 때 진리 존재인 하나님 부처님 알라 한얼님을 보고 알 수 있고, 내 마음이 진리인 이 존재가 되어 다시 나면 이것이 부활이고 휴거인 것이다. 이 세상에서 참세상과 겹쳐진 인간마음의 세상을 없애면

 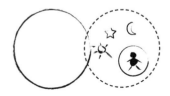

참이고 진리인 우주가 내 마음이 된다.

내 마음속에 진리가 있을 때 진리를 알 수 있다. 참인 진리가 내 마음에 있는 자는 참도 허도 알지만, 헛세상 속 사는 자는 참도 허도 알 수 없다.

이단, 사이비란

가짜인 것이 이단, 사이비이다. 내가 다니는 곳이 진짜이면 내가 진짜가 되어 있어야 한다. 자기가 진짜인 완성이 되어 있지 않으면 자기가 다니는 곳도 가짜가 아니겠는가.

남의 것은 가짜이고 자기 것만 맞는다고 하는 것은 자기의 주장일 뿐이다. 자기 것이 맞는다면 자기가 진짜가 되어 있어야 한다. 지금은 누구나 진짜가 되는 시대이다. 진짜는 자기가 가진 가짜의 것을 마음에서 지우고 자기를 없애면 진짜가 될 수 있다. 진짜인 진리가 되지 않고 진리를 말로만 하는 곳은 다 가짜다. 자기가 진리가 되어야 진짜다.

구원이 된다는 뜻은

각 종교에서는 흔히들 구세주가 오면 구원이 된다고도 하고, 또 미륵이 오면 구원이 된다고도 하고, 우리나라에서는 정도령이 오면 구원이 된다고도 하고 또 대두목이 온다고도 하였다. 이 존재는 공히 참이시고 진리인 존재가 세상에 온다는 뜻이고, 사람으로 온다는 뜻이다. 그 존재가 세상의 주인이라 이 세상을 진리 세상으로 바꾸는 것이 구원인 것이다. 허를 참으로 다시 나게 하여 진리의 나라를 만드는 것이 구원이다. 가짜인 인간마음의 세상을 버리고 진리인 세상을 인간마음에 있게 하고, 세상을 진리로 다시 나고 거듭나게 하여 살리는 것이다. 이 세상이 인간마음 속에 있어 구원이 된다. 유정인 사람이 주인이 되고, 그 마음세계에 세상이 있어 구원된 자가 왕이고 주인인 것이다.

종말이란

흔히들 말세에는 전염병과 기근, 지진과 전쟁으로 종말이 올 것이라 생각하나 이것은 인류가 이 세상에 살고부터 끊임없이 있어 왔다. 종말이란 헛세상에 살고 있는 사람은 참세상에 나지 못하여 종말일 것이고 참세상 난 자는 종말이 없을 것이다.

가짜이고 헛것인 자기를 버림이 진리가 되는 회개 방법이다. 진리가 된 자는 이 땅 이곳에서 영원히 사는 불사신인 것이다. 이 존재가 성자, 부처님, 신선, 신이 된 자이다. 완성이 된 자는 종말이 없고 되지 않은 자는 종말이 있다. 다시 나지 않으면 끝이라 종말인 것이다.

구원할 수 있는 존재

구원이란 가짜 세상에서 진짜 세상으로 나게 하는 것이다.
진짜 세상 사람이 가짜 세상 사람을 데리고 갈 수 있기에
진짜 세상 사람이 왔을 때 구원이 될 수 있다.

회개란

회개란 가짜인 인간의 업 습 몸 버림이다. 인간이 가지고 있는 허인 관념 관습과 자기가 없으면 진리로 나서 거기서 다시 나면 참이 되어 영원히 사는 불사신이 될 수 있다. 회개란 세상에서 자기의 업 습 몸을 빼는 것이다. 그러면 세상 이치를 다 알 수 있다. 사람이 미완성인 것은 인간의 마음세상 속 살아서이고, 완성은 세상의 마음이 되어 그 나라에 나는 것이다.

모두 진리인 완성이 되면
종교 철학 사상 학문 정치 경제가 하나가 된다

종교라는 것도 철학 사상 학문도 또 정치 경제도 인간의
마음속에 있어 그 주장이 다른 것이다. 그 마음이 진리인
참이 되면 세상은 모두 하나가 될 것이다. 그것이 실이라,
말만 하던 시대에서 참을 행동하는 시대가 되니 결실이 있
어 잘 살 수 있을 것이다.

하나님 부처님 알라 한얼님을 보고
알 수 있는 방법

하나님 부처님 알라 한얼님을 보고 아는 방법은 죄인인 자기가 다 죽어 없어지면 자기의 마음 안에 진리 존재인 하나님 부처님 알라 한얼님이 있어 보고 알 수 있다. 우리가 내 마음속에 없는 것은 알 수 없듯이 성인이고 의인인 자만이 알 수 있을 것이다. 그 마음 자체가 진리가 된 자만 알 수 있다.

천국 극락 낙원 신선의 나라에 가는 방법

천국 극락 낙원 신선의 나라에 가는 방법은 가짜인 자기가 다 죽고 없어져서 진리인 우주의 마음이 되어 거기서 다시 난 세상과 나는, 천국 극락 낙원 신선의 나라가 마음속에 있고 항시 그 나라에 살기에 그곳에 사는 것이다.

하나님 부처님 알라 한얼님의 형상

인간에게 몸 마음이 있듯이 이 우주 무한대에도 몸과 마음이 있다. 사람이 이 존재를 보지 못하는 것은 사람의 마음에 이 존재가 없어서이다. 이 우주도 허공은 비물질적인 실체라 형상 자체가 없고 아무것도 없는 것 같으나, 우주의 몸 마음인 성령과 성혼이 존재한다. 이 존재가 전지전능한 만상을 창조한 근원이고, 이 존재는 진리라 어떤 경우에도 없어지지 않는다. 이 존재가 전지전능의 하나님 부처님 알라 한얼님이다.

진리인 이 나라에 다시 나는 것이 구원이다. 이 세상 나 있는 일체가 하나님 부처님 알라 한얼님의 형상이다. 진리의 세상 난 것은 영생불사신이 되어 죽음이 없다.

다시 나고 거듭남이란

다시 나고 거듭남이란 가짜가 진짜로 나는 것이다. 가짜인
인간마음 속에 있는 세상과 사람이 진짜인 세상에 다시 나
고 거듭나야 살 수 있다.

사람이 나는 것도 부모가 있어 나듯이 진리로
나는 것도 진리의 부모가 있어야 날 수 있다

진리로 거듭 다시 나려면 진리의 부모의 말씀으로 날 수 있다. 그 말씀이 생명이라 세상과 사람을 개체의 마음속에 다시 창조할 수 있어 이것이 진짜로 사는 것이다. 주인의 말씀에 다시 날 수 있다. 영생천국은 진리인 그 나라에 가 있는 자의 것이다. 이 나라가 없는 자는 죽고 마는 것이다.

각 종교의 경은 완성이 되는 시대를
예언한 예언서이다

모든 경은 완성이 되는 시대를 예언한 예언서이다. 성경에서는 진리이신 예수님이 다시 온다고 했고 불경에서는 미륵이 중생 구제를 하러 온다고 했다. 증산도전은 대두목이 온다고 했고, 원불교전도 미륵이 온다고 했다. 모두가 가짜인 사람을 진짜가 되게 하여 영원히 사는 진리로 다시 나게 구원한다는 뜻이다. 옛날의 시 때는 완성되는 때가 아니었기에 그 시 때가 오면 사람이 완성되어 살라는 예언서인 것이다.

내가 다니는 곳에서 지금 진짜가 되고 있는가

진짜이지 않은 곳은 다 가짜이다. 내가 다니는 곳에서 지금 진짜가 되고 있는가, 인간 완성이 되고 있는가, 지금 나는 천극락에서 영원히 살고 있는가를 뒤돌아봐야 한다. 되고 있지 않으면 가짜인 것이다.

가짜이다, 이단이다 하는 자기의 관념 관습을 없애고 자기가 없어지면 진리의 나라인 하나님 부처님 알라의 나라에 가서 날 수 있다. 이곳이 진리의 나라이다. 회개하여 죄사함 하여 모두가 참세상에 나서 영원히 살아야 한다. 내가 완성이 안 되면 다 이단인 가짜다.

완성인 진리가 되는 때가 온다

흔히들 재림예수가 온다고 하면 이천 년 전에 돌아가신 예수님이 그 모양으로 온다고 믿는 이가 많다. 예수님은 그 모양에 있지 않고 그 중심이 진리인 자가 오면 예수님이 오신 것이다. 세상 주인이 사람으로 왔을 때 완성되고 구원될 수 있다. 미륵도 마찬가지다. 그 마음이 세상 마음인 참인 자가 오면 미륵이 온 것이다. 완성인 진리가 되는 때에 진리가 되는 곳이 있으면 그곳이 완성되는 곳이다.

길, 진리, 생명의 시대

세상의 주인만이 참세상에 데리고 가서 나게 할 수 있으니, 그 존재가 길이고 또 세상의 주인이시다. 진리이고 생명을 줄 수 있어 생명이신 것이다.

누구나 신선, 성인, 부처, 인자가 되는 시대

헛것인 자기의 몸 마음이 없어져서 본래인 진리로 가서 다시 나면 누구나 신선, 성인, 부처, 인자가 될 수 있다.

참인 진리를 찾는 방법

옛 예수 부처 신선을 찾는 자는 영원히 예수 부처 신선을 찾지 못할 것이다. 참인 진리의 존재는 그 형상인 모양에 있지 않고 그 중심인 마음에 있어 사람은 이 존재가 앞에 있어도 알아보지 못할 것이다. 사람이 생각하는 대로의 예수 신선 미륵은 오지 않으며 와도 모른다. 사람은 형상에서 찾기에 진리인 자를 알 수 없다.

미완성에서 완성이 되려면

미완성인 나를 없애는 회개를 하고 진리인 마음이 되게 하여, 거기에 다시 나면 천극락이 내 안에, 낙원과 신선나라가 내 안에 있어 완성이 된다.

이 몸으로 영원히 사는가

성경에서는 이 땅 이곳에서 이 몸으로 영원히 산다고 되어 있으나 이 몸이란 영혼의 몸을 말하는 것이다. 물질인 이 몸은 영원히 살 수 없다. 이 세상의 물질은 영원한 것이 아무것도 없다. 이 몸은 이 몸의 수명만큼만 살 수 있고 이 몸의 모양과 같은 진리로 난 영혼만이 영원히 사니 이 몸으로 영원히 산다고 성경에서는 말하고 있다. 진리로 난 이 땅 이곳에서, 진리로 난 세상과 진리로 난 이 몸으로 영원히 살 수 있을 것이다.

신인합일이란

신이라고 하면 사람들은 흔히 이 존재가 개체로 있는 줄 알고 있으나 신이란 진리인 우주 무한대의 허공 그 자체가 신이다. 이 자체가 영과 혼이고 정과 신인 것이다.

이 존재는 살아 있는 신이고 천지 만물만상은 이 자체의 표상이다. 이 존재가 사람으로 와서 사람이 죄 사람인 회개를 하여 근원에 갔을 때 부활시키면 그 말씀에 영육이 하나가 되는 신인합일이 되는 것이다.

물론 이 존재의 말씀에 난 신인합일은 자기와 같은 영혼의 그 모양이 그 몸과 하나인 것이다. 원래인 우주의 주인인 영과 혼, 성령 성혼 성자는 우주 자체의 마음에서 스스로 난다. 사람들은 주인의 말씀에 진리인 영혼으로 다시 날 수 있다. 이것이 부활이고 휴거이고, 거듭 다시 나 사는 곳이 진리인 천극락이라 영원히 산다.

이 몸이 없어져도 천국인 이 땅 이곳에서 육과 하나였던 영혼이 죽음이 없이 사는 것이다. 진리로 나 있는 이 땅 이곳과 진리로 다시 난 영혼의 몸은 영원히 산다.

빙의한 자와 진리를 말하고
참이 오는 것을 예언한 이들의 다른 점

흔히 말하는 무당은 자기의 마음세상에서 하나의 가짜인 자기가 산신이나 옥황상제, 동자라든지 상제와 같은 존재로 나타나서 그 존재가 아는 소리를 하고 예언을 하는 것으로 맞는 것도 안 맞는 것도 없는 것이나 그것은 망념이 하는 소리라 맞지 않는 것이다.

성경, 불경, 원불교전, 증산도전 또 격암유록, 정감록, 팔공진인의 기록은, 자기의 마음이 진리인 우주 자체를 본 순간 자기가 예언할 영혼으로 다시 나서 진리를 말한 것으로 후일 진리의 주인이 온다는 것을 예언하고 그 시 때도 말할 수 있었던 것이다. 완성자도 우주 자체의 그 마음에 가서 거기서 진리인 자기가 하나 나는 것이다.

진리란

우주 전체의 허공 자체가 본래 진리이다.

그리고 진리의 존재가 사람으로 와서 진리 나라에 세상과
사람을 나게 하니, 그 세상이 또 진리다.

믿음이란

믿음이란 하나가 되는 것이다. 기독교에서는 예수님을 믿으면 천국 간다고 한다. 예수를 믿는다는 것은 그 마음이 예수님과 하나가 되는 것이다. 예수님의 마음은 이 세상인 진리이시다. 이 세상에서 예수님이 십자가에 못 박혀 돌아가셨으니 예수님의 마음이 진리인 세상이 되고 거기서 부활하였으니 진리 나라에 난 자이다.

우리도 의인 성인이 되려면, 예수님처럼 자기를 다 바쳐서 죽어야 의에 이를 수 있고 영생천국에 살아서 갈 수 있다. 예수를 믿는다는 뜻은 내가 진리가 되어 진리 나라에 다시 나는 것이다.

창조란

세상의 주인만이 창조를 할 수 있다. 이 세상에 있는 천체나 천지 만물만상은 인간의 마음에서 창조되었다고 생각하나 진리인 우주 입장에서 보면 창조된 바가 없고, 있고 없고가 하나인 없음인 우주허공 자체이다. 창조주이신 우주허공 입장에서 봤을 때, 있다는 그 마음이 없어서 있고 없고가 하나인 것이다.

참 창조는 세상의 주인이 사람으로 와서 사람의 죄업을 다 없애고 진리의 우주마음이 되게 하여 거기서 말씀으로 세상과 자기를 창조하는 것이다. 각 개인이 자기 마음속에 우주의 나라가 있어 사람이 주인이고 왕이 되는 것이다. 진리로 나게 하는 것이 진정한 창조이지 이 세상의 물질이 있다가 없어지게 하는 창조는 신의 뜻이 아니다.

사람이 주인인 시대는 인간 완성의 시대다. 이 땅 이곳이 천국 극락 낙원인 신선의 시대다. 모든 종교가 하나가 되고 너의 나라 나의 나라가 없는 하나인 나라가 된다. 인간의 마음은 사람마다 다 다르나 진리인 세상 마음이 되면

세상 사람이 다 하나라, 종교 철학 사상 학문 과학 일체가
바름인 하나가 된다.

완성자는 번뇌가 없어 할 일만 하니 잘산다

사람들은 헛것인 마음의 세상에서 수많은 번뇌 망상 속에 헛짐 지고 헛짓하다가 죽고 만다. 인간마음의 세상은 자기가 살아온 산 삶의 사진이 자기의 뇌에 찍혀 있고, 거기에 습이 있고 몸이 있는 것이다.

업 습 몸을 버릴 때마다 마음의 짐이 없어지니 밝은 얼굴로 변하여 간다. 그러다 완성이 되면 그 얼굴이 더욱 더 환해지고 근심 걱정 스트레스도 없어져 건강하기가 이를 데가 없다. 또한, 번뇌가 없어 할 일만 하니 잘산다. 완성자란 진리 세상에 진리로 난 자가 완성자이다.

이 우주의 몸과 마음이 성령 성혼이다. 그 몸 마음을 성부 성모라 해도 마찬가지고 법신 보신이라고 해도 마찬가지다. 세상인 우주의 몸 마음의 존재가 사람으로 왔을 때 구원이 될 수 있다. 그리고 성자도 함께 온다. 이 존재가 사람으로 오면 진리를 가르치고 진리가 되게 할 것이다. 그 존재를 모양에서 찾으면 영원히 기다려도 오지 않을 것이고, 진리를 찾으면 그 존재가 찾아질 것이다. 자기의 죄를 없애면 그 진리의 존재가 나타날 것이다. 그때 우리는 진리이신 하나님을 찾을 수 있다.

　노벨평화상을 받은 테레사 수녀도 자기는 하나님을 보지도 만나지도 못했다고 애절한 사연을 표한 바 있다. 자기의 죄를 벗으면 찾아볼 수 있다. 지금은 보고 아는 때이다. 또 진리인 그 자체가 되어 다시 나 영생불멸하는 때다.

도통군자

우리나라 예언서인 정감록, 격암유록에는 일만이천 도통
군자가 나온다고 되어 있다. 불교나 도교, 또 도를 닦는 곳
은 세계 도처에 많고 모두가 도를 향하여 정진하고 있으나
그 방법이 없으면 이루지 못할 것이다.

도란 무엇인가. 이 도는 진리인 우주의 근원인 허공이
다. 이 존재를 하나님 부처님 알라 한얼님이라고 하고, 서
로 말은 다르나 진리 존재를 이야기하는 것이다.

인간은 자기의 마음속에 가지고 있는 것만큼 말하고 행
하고 살 듯이 하나님 부처님 알라 진리인 도가 자기 속에
없어서 알지 못한다. 이 존재가 사람의 마음속에 있으려면
자기의 업 습 몸이 다 죽어야 나의 마음속에 도가 있기에
도를 통하였으니 도통인 것이다. 진리인 도의 자리 자체가
나의 마음이 되어 거기서 다시 나면 군자인 것이다. 우리
가 세상 올 때도 아무것도 없는 곳에서 왔듯이, 아무것도
없는 곳으로 가서 거기서 다시 나야만 거듭나 살 수 있다.
본바닥인 세상의 주인만이 사람을 세상 주인으로 다시 거

듭나게 할 수 있다.

기독교에서 십사만사천 명만 구원된다고 한 것은, 그 수가 아니고 많은 이가 된다는 뜻이듯, 일만이천 명도 많은 이가 된다는 뜻이다. 도통을 하려면 자기의 업 습 몸을 없애고 본바닥에 되돌아가서 본바닥에서 나야 한다. 지금은 성자 성인 부처님 신선이 되는 때이다. 업 습 몸인 자기만 세상에 없으면 도의 자리이고 거기에서 나면 도통군자이다.

불경에 보면

불교의 대반열반경에 보면 후일의 도는 대반열반 무여열반이 된다고 하였다. 대반열반이라고 하면 크게 죽어 인간이 완전히 다 없어지는 것이다. 업 습 몸이 다 없어져서 진리에 도달하는 것이다. 무여열반도 남음이 없이 죽는 것이다.

대반열반경에 보면 석가시대는 상락아정常樂我淨 중에서 상정만 깨치고 후일에는 아락을 다 깨친다고 하셨다. 상정이라고 하면 항상 상常에 깨끗할 정淨을 보고 아는 것이고 후일에는 아락我樂, 나 자신이 다시 나서 낙원에서 사는 것이다. 본바닥의 주인이 사람으로 왔을 때 아락을 깨치게 하고 낙원에 나서 살게 하는 것이다.

'인친다'는 뜻

'인친다'는 도장을 친다는 뜻이다. 인친자만 살 수 있다는
말은 세상 주인의 말씀에 세상과 함께 세상 된 사람의 마
음에서 다시 나야 산다는 뜻이다. 진리의 세상 마음에 세
상과 자기가 거듭나게 하는 것이다. 세상 주인의 말씀에
다시 나는 것이다. 이것이 진리가 된 사람 마음에 세상과
자기가 다시 나니 도장을 친 것이다.

3부
바른 사회를 위한 철학

현대 사회에 필요한 바른 철학은 무엇일까.
삶의 이유와 목적, 존재에 대한
근원적 질문들에 답합니다.

철학이란 무엇인가

철학이란 인간과 세계에 대한 근본 원리와 삶의 본질을 연구하는 학문이라고 사전에는 되어 있다.

사람은 사람의 생각에서 세상의 근원을 찾으려고 애쓰고 있으나 이것은 아무리 찾으려고 해도 찾아지지 않는다. 그것은 참인 본질, 진리의 세상이 사람의 마음속에 없기에 찾아지지 않는 것이다.

철학은 동양의 도道와 하나이다. 둘 다 인간의 마음속에 없기에 그 본질을 찾을 수 없다. 가짜인 인간이 세상에서 없어지면 인간의 마음속에 참세상인 본질이 있어 그 이치를 다 알 수 있다. 인간의 마음속에 있기에 참삶의 본질도 알고 행할 수 있다.

나는 누구인가

이에 대한 의문은 모든 이들이 수없이 가져보았을 것이다. 사람이라는 존재는 누구나 완전한 세상 나 살지 않고 세상과 겹쳐진 자기의 마음의 세상 속 살기에 미완성이다. 이 가짜인 미완성의 존재를 진짜인 완성의 존재로 바꾸려면, 미완성의 세상을 부수고 진짜의 세상에 다시 거듭나야 진짜 사람이 되어 영원히 죽지 않는 천극락에 살 수 있다.

여기 난 사람은 세상의 주인이고 왕인 것이다. 예수님이 죽은 지 사흘 만에 부활하여 돌무덤에서 나왔듯이, 부활하고 휴거가 된 자가 주인인 것이다. 나의 마음속에 참세상 가지면 내가 천인지의 주인이 된다.

'가짜 나'란 무엇인가

이 세상에 나 있는 사람들은 모두 미완성인 가짜인 자기이다. 사람이 가짜인 것은, 사람은 참인 우주 자체를 자기의 마음의 세상 속에 사진을 찍어, 자기의 산 삶 전체가 그 허상 속에 살고 있기에 가짜이다. 사람은 세상 사는 줄 착각하고 사나 한번도 세상에 살아보지 못했다. 헛세상에서 헛일하다가 죽고 마는 것이 사람인 것이다.

사람은 이 가짜인 자기의 마음속에서 그 가짜인 마음이 시키는 대로 살아서 헛것의 노예인 것이다. 사람의 마음은 가짜인 업 습 몸이다. 이 업 습 몸을 가지고 그것이 하는 행 일체는 가짜라, 자기도 사진인 가짜인 것이다. 가짜는 없는 것이라, 한 편의 영화처럼 나의 비디오테이프 세상 속에 사는 것이다.

'진짜 나'란 무엇인가

사람이 이 세상 나 사는 줄 아나 사람은 세상을 복제한 자기의 마음세상 속에 살아서 미완성이다. 헛것인 사람의 마음은 업과 습과 몸이다. 사람이 진짜가 되려면 이 업 습 몸을 버리고 진리인 우주 자체가 자기의 마음이 되어서 진리의 주인에 의하여 다시 나야 한다. 진리인 우주마음에서 세상과 자기가 다시 나 진리가 되어야 진짜 나가 되는 것이다. 허가 다 죽고 진짜로 다시 나는 나라가 완성의 나라인 천극락이다. 진짜 나는 죽음이 없이 영원히 살아 있고, 대자유고 해탈이고, 근심 걱정 스트레스가 없는 신이고, 하나님 부처님 알라의 자식이다. 완전한 진리의 존재라, 참만 있는 나라에 참으로 다시 난 자가 진짜다.

무엇이 진짜이고 가짜인지 어떻게 아는가

진짜는 진리이고 가짜는 가짜이다. 하나님 부처님 알라라는 존재도 진짜인 진리이면 진짜이고, 진짜가 아니면 가짜다. 자기 마음속에 진리가 있는, 하나님 부처님 알라를 가지고 있는 자는 진짜 하나님 부처님 알라를 믿는 자이고, 자기 속에 없는 자는 다 가짜인 하나님 부처님 알라를 믿고 있는 것이다. 천국 극락 낙원도 자기 속에 있는 자는 진짜이고, 없는 자는 가짜라 없는 것이다.

진리가 사람 마음속에 있는 자는 참과 허를 알 수 있고, 없는 자는 참도 모르고 허도 모른다. 자기 마음속에 진짜가 있는 자만이 알 수 있다.

가장 성공한 사람은 누구인가

성공이라는 것도 사람 생각의 기준에 따라 달라질 것이다.
사람의 의식에 따라 돈이나 권력을 기준으로 생각할 수도
있고, 다 다를 것이다.

참이 된 사람의 입장에서 보면 진리가 되어 영원히 사는
자보다 더 가치 있는 삶은 없다. 또 사람을 진리가 되게 하
여 영원히 살게 하는 자보다 더 가치 있고 성공한 삶은 없
을 것이다. 자기 마음이 참이 된 자는 그렇게 살 것이다.

어떻게 하면 우리는 좀 더 진실한 세상에 도달할 수 있을까

사람이 미완성인 것은 세상에 살지 않고, 세상과 겹쳐진 자기 마음의 세상에 살고 있어서이다. 세상 사는 줄 알고 살고 있으나, 허상인 없는 세상 살고 있어 헛세상에서 헛 생각에 헛짓하다가 죽고 마는 것이다.

사람은 업 습 몸이 가짜라, 이 자체를 버리면 진실한 세 상인 진리 세상에 나서 살 수 있다. 이 자체가 인간 완성, 우주 완성의 길인 것이다. 미완성인 자기를 버리고 완성인 자기가 되면, 좋은 세상인 진리 세상에 나서 살 수 있다.

현재의 삶과 죽은 후의 삶은 같은가

사람은 가짜인 업 습 몸이라, 이 업 습 몸이 다 죽으면 진짜이고 진리인 우·주허공의 정과 신이 자기의 마음이 된다. 그 마음속에서 이 세상과 내가 다시 나, 이 세상 살면서 진리나라에 사니 삶 죽음이 하나이다. 죽은 후의 삶이나 현재의 삶이 하나인 것이다. 이 땅 이곳에서 근심 걱정 스트레스가 없고, 고통 짐이 없이, 자유이고 해탈이 된 삶을 살 것이다. 다 살아 있는 진리의 세상에서 행복한 마음만 있다.

인류에게 가장 가치 있는 것은 무엇인가

세상 사는 사람들에게 가장 가치가 있는 것은, 자기가 영원히 사는 것보다 더 가치 있는 것은 없을 것이다. 인간이 살아 완성이 되어서 사는 삶은 고통 스트레스가 없고, 자유의 삶이라 좋을 것이다. 이 세상 저세상이 둘이 아니기에, 세상 사람을 살리는 것만이 최상의 가치가 있는 삶이다.

이 세상이 돌아가게 하는 건 누구인가

세상이 돌아간다는 것은 사람의 삶을 이야기하는 것이다. 사람은 모두 다 사람의 뜻에 사는 줄 알고 있으나, 사람이 사는 것은 이 우주 천체의 움직임과 지구가 움직이는 그 위치에 따라서 만상이 살아가는 것이다.

이 세상의 조건에 의해 세상에 있는 것이 움직이고 살아간다. 그래서 미완성의 시대도 있고, 완성의 시대가 오는 것도 천체의 움직임에 그 시 때가 오는 것이다.

언젠가는 완성이 되어 사람의 마음속에서 세상과 사람이 진리로 다시 나서 영원히 사는 때도 있을 것이다. 총체적인 움직임은, 이 세상에 있는 만상은 우주의 영과 혼이시고 이 세상의 주인이신 존재가 창조한 것이라 그렇게 되게 되어 있다.

지옥은 어떤 곳이며 어디에 있나,
지옥에 안 가려면 어떻게 해야 하나

기독교 불교 이슬람교에서는 사람이 진리를 믿고 또는 하나님 부처님 알라를 믿는 자는 천국 극락 낙원에 가고, 믿지 않는 자는 지옥 간다고 말하고 있다. 또 착한 일을 하는 자는 천국 가고 나쁜 일을 하는 자는 지옥 간다고 한다.

우리는 말로만 듣던 천국 극락 낙원에 간 자가 있다고 생각하나 사실과는 전혀 다르다. 천국은 거짓의 자기가 없고, 자기의 마음이 진리가 되어서 그 진리의 나라에 진리로 다시 나지 않고는 천국에 갈 자가 없다. 자기의 마음이 진리가 되고, 진리 나라가 자기 마음속에 있어야 영원히 사는 천국 극락 낙원인 것이다.

천국은 하늘에서 다시 난 세상이고, 지옥은 인간 마음세상인 허상세계라, 죽으면 그 마음속에서 죽고 마는 것이다. 땅 우리인 무간지옥에서 영원히 죽는다는 것도 이것을 말한다. 이것이 지옥이다. 흔히들 지옥이라고 하면 불 속에서 태워지거나 고통 짐 지고 사는 것인 줄 아나, 헛마음 세상에서 죽으면 그냥 없어지는 것이 지옥이다. 거기서 벗어나

는 방법은 자기의 죄인 업 습 몸을 버리고 허인 사람이 진

리가 되는 것이다.

인생을 바꾸는 방법은 무엇인가

사람은 그 마음에 의하여 살아간다. 그 마음에 가진 만큼 말하고 살아간다. 마음은 자기가 태어날 때부터 가진 습과 그 습에 산 삶인 업과 몸을 더하여 그 마음이 형성되어 있다. 인간의 마음세계는 이기적이고 편협된 마음이라, 이것은 변하지 않는다. 가짜인 자기 마음의 세상을 다 부수어 대우주의 살아 있는 신의 마음으로 바꿀 때 세상 이치를 알고 지혜가 있어 향상된 삶을 살 수 있고 완전한 삶을 살 수 있다. 이것이 인생을 완전하게 바꾸는 방법이다.

인생을 살면서 꼭 해야 하는 일은 무엇인가

사람은 습을 가지고 이 몸이 태어나고 거기에 자기의 산 삶이 더해져 자기의 마음세상이 있는 것이다. 자기라는 존재는 그 없는 마음의 노예가 되어 살아가고 헛세상에서 헛꿈 꾸며 헛짓하다가 죽고 마는 것이다. 사람은 없는 세상에서 없는 자기가 살아서 가짜이고 헛것이나 이것도 자기가 참이 되어봐야 알 수 있다. 사람은 오랜 세월 동안, 이 미완성 시대의 터널 속에 살았으나 이제는 완성 시대의 때가 왔다. 이때 미완성의 자기를 버리고 참인 자기를 찾는 것이 미완성으로 있었던 인간이 해야 하는 일이다. 진짜가 되는 것이 인생의 전부인 것이다.

없는 세상에 살 것이 아니고 가짜인 자기가 진짜인 자기가 되어 있는 세상에 자기의 복락을 지어서, 삶과 죽음이 없이 영원히 하나 되어 사는 것이 인생에서 꼭 해야 하는 일이다.

우리가 이 세상에 태어난
이유와 목적은 무엇인가

이 우주의 본바닥이 허공이다. 이 허공에서 천체인 태양과 달과 수많은 별이 나타난 것이다. 그 별 중에 지구도 있고 천지조화에 의해 사람과 만상도 나타났다. 이 세상 사는 모든 것들은 그 환경에 의해 살아가고 사람도 하늘 땅의 환경에 의해 살아가는 것이다. 그 속에서 오랜 세월 동안 미완성으로 살다가 이제는 누구나 인간 완성이 되어 사는 때가 된 것이다. 이 우주의 허공이 주인일 때는 사람이 온 곳도 사람이 갈 곳도 허공인 없음이었으나, 이 허공의 주인이 사람으로 오면 사람을 구원할 수 있을 것이다.

사람이 이 세상에 온 이유와 목적은 허인 사람이 참사람이 되기 위해서다. 가짜가 진짜가 되고 인간 완성이 되어 영원히 죽지 않고 사는 완성의 때에 완성이 되기 위해서인 것이다. 자기가 완성되어 새 세상 나서 죽음이 없이 있는 것이 이 세상 난 이유와 목적이다.

모든 물질은 그 물질의 나이만큼 살다가 없어지지만 사람 마음속에 난 세상 일체는 진리라 영원히 사니 꿈만 같은 일이 아닌가. 살아서 진리 나라인 천극락에 가서 사니 죽음이 없이 이 땅 이곳에서 영원히 산다.

4부
종교의 궁극적인 목적 : 진리

진리를 그저 말로만 하고 찾는 시대는 지났습니다.
지금은 진리를 찾고 확인하는 시대입니다.

종교란 무엇인가

종교란 진리의 가르침을 따르는 것이다. 그런데 그 진리가
아닌 자기 마음의 해석을 따르게 하여 진리와 진리의 참
뜻마저 모르고 있었다. 지금은 진리가 되어 종교의 참뜻을
아는 때이라, 자기 속에 진리 가지고 다 아는 때이다.

종교의 목적은 무엇인가

종교의 궁극적인 목적은 자기의 마음이 진리에 가서 진리 나라인 천극락에 나는 것이다. 지금까지의 종교는 이것을 실현하지 못하였으나, 이 우주에는 이것을 실현하는 때도 있을 것이다. 지금은 참 종교의 목적인 진리가 되고 진리 나라인 영생천극락에 살아서 가는 때이다. 회개하여 그 마음이 우주의 정신이 되고 그 나라에 세상과 내가 나는 것이다.

종교의 근원은 무엇인가

종교의 근원이란 천지 만물만상이 나온 자리인 본바닥의 존재를 이야기한 것이다. 그 존재가 진리인 우주의 몸과 마음인 영과 혼이다. 이 존재가 기독교에서는 성부 성령의 존재이고 불교에서는 보신 법신의 존재이고 한얼님의 대종교에서는 정과 신의 존재이다.

이 존재를 말로만 하였지 자기 마음속에 없으니 추상적이고 관념적인 하나님 부처님 알라 한얼님만 있는 것이다. 이 존재는 환상의 존재라 영원히 찾아도 하나님 부처님 알라 한얼님이신 진리 존재를 알 수 없을 것이다. 사람이 안다는 것도 자기의 마음속에 있어야 알 수 있듯이, 그 존재가 자기 속에 있는 자만이 하나님 부처님 알라 한얼님과 진리 나라가 있을 것이다. 종교의 근원은 진리이고 그 진리가 하나님 부처님 알라 한얼님이다. 지금은 이 존재가 나 속에 있어야 종교의 근원을 알 수 있다.

어떤 종교가 최고의 종교이며
그 이유는 무엇인가

종교라고 하면 미완성인 인간을 참이 되게 하는 것이 참 종교일 것이다. 그러나 이 세상에 수많은 종교가 있지만 참이 되는 종교는 없다. 기독교에서는 이천 년 전 예수님을 믿고 있고, 불교에서는 이천오백 년 전 석가를 믿고 있고, 유교에서는 공자의 가르침을 믿고 있다. 또 세상에는 힌두교, 이슬람교 등 수많은 종교가 있다. 자기가 하나님이라고 하는 종교 종파도 수없이 많다.

사람들은 지혜가 없어서 어느 것이 맞는지 아는 자가 아무도 없다. 이 자체를 바로 알려면 하나님 부처님 알라 한얼님을 나 속에서 찾아야 한다. 각 경전에 하나님 부처님 알라는 자기 속에 있다고 했고, 성경에도 하나님이 여기 있다 저기 있다 하여도 믿지 말라고 하였다. 이 존재는 각 종교에서 이름 붙인 것이지 공히 진리 존재를 말한 것이다.

기독교의 참뜻은 재림예수가 와서 인간을 구원하러 온다는 데 있다. 불교도 미륵부처님이 세상 와서 사람을 구원한다고 했고, 선도에서도 정도령이 온다고 했다.

종교의 궁극적인 목적은 이 세상과 사람이 완성되어서 진리의 나라에서 영원히 사는 것이다. 자기가 살아서 진리의 나라에 나 있고, 천극락에 나 있는 자만이 자기 속에 있는 천극락 나서 살 수 있을 것이다. 어느 종교가 맞는다 안 맞는다는, 자기의 마음속에 진리인 하나님 부처님 알라 한얼님이 있고, 그 나라에 나서 영원히 살 수 있느냐에 있다. 최고의 종교는 자기의 죄인 자기의 업 습 몸을 버려서 진리인 근원에 가서 그 나라에 다시 나게 하는 곳이 진짜 종교이다.

종교는 필요한 것인가

이 세상 살고 있는 수많은 사람은 종교에서 무엇을 얻고 찾으려고 한다. 그러나 인간의 거짓된 자기의 마음세계에서 벗어나면 참인 하나님 부처님 알라 한얼님이 나 속에 있고 그 진리 존재가 나 자체의 마음이 되어서 다시 나면, 진리의 세상인 이 땅 이곳에서 자기가 다시 나서 정신 창조가 되어 영원히 살 수 있을 것이다. 이것이 휴거이고 부활이고 인친 것이고 구원인 것이다. 자기 속의 거짓의 마음을 없애어 진리가 나 속에 있고 진리 나라가 나 속에 있게 하는 곳을 찾아야 한다.

종교가 이렇게 많은 이유는 무엇인가

종교에서 이야기하는 것은 진리 존재 하나이나, 사람의 해석이 각각이라 종파도 종교도 많다. 미국의 기독교만 하더라도 5만 종파나 된다. 어디가 맞는 곳이냐고 하면, 진리인 참이 되어서 참나라에 가는 곳이 진짜이다.

신은 하나인데 종교의 종류는
왜 이렇게 많은 것인가

진리인 신의 존재가 우주의 정과 신인 영과 혼이다. 이 존 재가 우주의 몸과 마음인 만상의 창조주이신 존재라, 기독 교에서는 하나님, 불교에서는 부처님, 이슬람교에서는 알 라라고 이름하였다. 성경을 풀이하는 사람들이 진리가 되 어 있지 않은 채 풀이를 하여 이 종파, 저 종파가 생긴 것 이다. 인간의 잘못된 마음의 해석에 많은 종파가 있는 것 이다.

사람이 종교를 믿는 이유는 무엇인가

자기의 마음에 무엇을 채우려고 또는 죽어서 좋은 곳에 가기 위해서 등등 사람마다 종교를 믿는 이유는 다 다르다. 그러나 종교를 믿는 것이 중요한 것이 아니고 자기가 참인 진리가 되어서 진리의 나라인 완성된 나라에 가는 것이 중요하다.

종교와 사이비의 차이는 무엇인가

종교는 참이 되어 참세상 나서 사는 것이 궁극적인 목적이나 이 세상에는 참이 되는 방법이 없었고, 참나라에 나게 해주는 사람이 없었다. 그 언젠가는 참이 되게 하고 참나라에 데리고 가는 시 때가 있을 것이다. 이 세상에 수많은 종교가 있지만 참인 진리가 되지 못하고 진리 나라에 가지 못하면 다 가짜가 아닌가.

모든 종교의 공통점은 무엇인가

종교의 공통점은 참인 존재가 세상 오면 참세상 가서 참으로 나게 한다는 것이고, 그것을 예언한 예언서가 각 종교의 경이다. 거짓의 자기 마음을 닦아서 자기의 마음속에서 진리를 찾고, 진리 나라 가는 때가 지금인 것이다. 회개하고 죄 사함 하고 자기의 헛된 마음세상을 부수고, 참이 되어 참나라 나는 것이 이 세상 완성이다.

종교는 우리를 통합시키는가, 갈라놓는가

진리인 존재를 하나님 부처님 알라 한얼님이라고 가는 곳마다 서로 다르게 부르고 있다. 진짜의 뜻 모르는 사람들은 기독교와 이슬람교가 다르고 불교가 다르고 힌두교가 다르다고, 서로 자기 것이 맞는다고 하여 싸움이 계속되고 있다.

이것을 버리고 진리가 되면 모두 하나가 될 것이다. 종교는 통합이 될 수 없는 것이 서로 다르고 자기 것만 맞는다고 생각하기에 불가능하다. 이제는 자기의 거짓된 마음을 없애고 참이 되는 시대라, 참이 되면 참나라 가서 살아서 모두가 하나가 된다.

왜 기독교에는 수많은 종파가 있는 것인가

성경에 있는 말을 번역하는 것의 차이에서, 또 자기중심적인 해석과 자기중심적인 욕심의 생각에서 종파가 생긴 것이다. 사람은 자기의 마음 가진 만큼 말하고 살고 그 마음에 있는 것만큼 아는 것이다. 자기 속에 진리가 없으니 사람의 마음이 각각이듯이, 사람의 생각도 각각이라 많은 종파가 있는 것이다. 이 세상에 태어나기 이전의 자리로 가서 자기 마음이 참이 되어 보면 하나인 마음이 되어 종파가 없을 것이다. 모두가 잘못 알고 있는 거짓마음을 버리고 참마음이 되어서 다시 나야 한다.

하나님이 존재하는가

하나님이라는 존재는 이 우주에 아니 계신 곳이 없는 비물질적 실체이신 우주허공의 정과 신이다. 이 존재는 영원히 존재하는 진리, 하나님 부처님 알라 한얼님이시다. 이 존재가 물질 창조주이시다. 진리는 시작 이전에도 영원 이후에도 존재하는 살아 있는 존재다. 이 우주의 정과 신인 존재가 사람으로 와야 세상이 구원될 수 있다. 그 말씀이 생명이시라, 사람인 진리께서 세상을 창조하신다. 미완성인 인간마음을 없애고 진리인 우주의 정과 신의 마음이 남게 하여 거기서 새 세상과 사람을 창조하니, 사람인 세상 주인만이 이 세상을 영원히 있게 할 수 있으며 인간마음 속에서 다시 나게 하여 다 구원할 수 있다. 이 세상의 있고 없고 일체를 다 구원하는 것이다.

하나님은 왜 우리를 창조하셨나

하나님이 이 세상과 사람을 창조한 것은 스스로이고 저절로였다. 기독교에서는 하나님이 세상을 다 창조하였다고 하고, 불교에서는 지수화풍의 조건에서 창조되었다고 하고, 한국에서는 자연의 천지조화로 인해 났다고 한다. 서로가 다른 것 같으나 모두가 똑같은 말이다. 이 세상의 한때에 미완성인 세상의 물질과 사람이 완성되는 때도 있을 것이다. 무정인 우주의 정과 신은 물질 창조를 하였고, 완성인 우주에 다 살게 하는 정신 창조는 우주의 정과 신이 사람으로 와야만 살리실 수 있다. 참이 된 사람의 마음속에 이 세상을 다 구원하시는 것이다.

하나님의 존재는 증명될 수 있나,
아니면 불가능한가

하나님의 존재는 이 우주 무한대 허공의 영과 혼이시다. 이 존재를 볼 수도 알 수도 없는 것은 사람 마음속에 없어서이다. 어떤 성직자가 말하길, 이 세상에 수많은 교회가 있지만 하나님을 본 자도 천국을 본 자도 아무도 없다고 하였다. 성경에도 하나님이 여기 있다 저기 있다 하여도 믿지 말라 하나님은 너희 안에 있다고 한 것은 인간마음을 다 버리고 자기의 마음속에 참을 가지면 볼 수 있다는 말이다.

이 우주에서 자기가 없어져야 하나님을 볼 수 있는 것이고 존재도 증명될 수 있다. 이 존재는 가짜인 인간이 없고, 이 우주의 정과 신이 자기 마음이 될 때 볼 수도 알 수도 있는 것이다.

하나님은 어디에 있는가

하나님은 아니 계신 곳이 없이, 이 세상 어디에나 다 존재하는 비물질적인 실체이다.

하나님은 어떻게 찾나

하나님은 이 우주에 아니 계신 곳이 없는 비물질적인 실체로서, 우주허공의 영과 혼이시다. 인간은 자기 마음속에 우주의 정과 신이 없어서 모르는 것이다. 인간의 업 습 몸이 없고 우주의 마음인 정과 신이 존재할 때, 이 존재가 나의 마음속에 있는 것이다. 내 안에 있어야 찾을 수 있다.

하나님은 무엇을 의미하는 것인가

하나님은 이 우주허공의 정과 신이시다. 이 존재가 물질 창조주이시고, 이 존재가 사람으로 와야 정신 창조를 하실 수 있다. 이 세상을 다 구원하실 수 있다. 이 존재는 사람 마음속에서 찾아야 찾을 수 있다. 하나님의 목적은 살려주시는 구원이다.

하나님은 어떻게 만날 수 있나

하나님을 만나는 방법은, 자기의 업 습 몸 일체가 없으면
이 세상 나기 이전의 없는 자리인 우주허공의 정과 신의
자리에서 만날 수 있다. '나'가 없으면 만날 수 있는 것이다.
우주허공의 정과 신이 사람으로 와야 진리가 된 나의 마음
속에서 보고 알 수 있다. 자기의 몸 마음이 없는 자만 만날
수 있다.

어떻게 하면 하나님의 존재를 느낄 수 있는가

자기의 거짓된 마음 자체를 버리다 보면, 버려진 만큼 자기의 마음속에 하나님이 나타나 느끼고 알게 되는 것이다. 그것이 깨침이다. 그리고 진리의 존재가 되면 세상의 이치를 다 알고, 지혜 자체라서 궁금함과 의문 의심이 없어지는 것이다. 하나님의 나라에 가서 살면 모두가 다 살아 있어 행복이고 자유이고 해탈이다. 인간의 궁극적인 목적은 죽지 않는 살아 있는 진리 나라에 가서 사는 것이다.

하나님은 왜 믿어야 하나

하나님은 진리 존재인 이 세상의 근원이시고 본래인 허공의 정과 신이시다. 이 존재가 사람의 마음이 되지 않으면, 자기 마음속에서 이 세상과 자기가 다시 날 수 없다. 하나님을 믿는다는 것은 하나님과 하나가 되는 것이다. 하나가 되려면 죄를 회개하여, 내 마음 자체가 우주마음인 정과 신이 되게 해야 하나가 될 수 있다.

하나님을 믿는다는 것은, 하나님은 참이기에 거짓의 내가 다 없어지고 참만 남으면, 진리인 하나님이 내 마음속에 있는 것이다. 세상의 시 때가 되지 않아서, 지금까지는 완성이 되지 않았으나, 죄 사함 하여 그 마음이 하나님의 나라에, 세상과 사람이 진리가 되어 이 나라에 다시 나면 영생할 수 있을 것이다. 지금은 완성이 될 수 있다.

5부
모든 궁금증에 답하다

21세기의 컴퓨터가 AI로 강화된 것처럼
사람들은 진리의 지혜로 자신을 강화해야 합니다.
진리의 지혜는 모든 질문에 명쾌한 답을 제시해 줍니다.
유튜브 등 소셜미디어에 나타난
사람들의 관심사에 답합니다.

1장
마음

마음이란

인간마음은 부모에게 물려받은 습에 자기의 산 삶이 더해
진 것이다. 이것을 벗어던지고 우주의 마음이 되면 그것이
참마음이다. 인간의 마음은 살아오면서 세상의 것을 사진
찍은 것이라, 자기의 마음속에 있는 것은 허이고 사진이다.
그것은 가짜라 인간이 미완성인 것이다. 이것을 버리고 진
짜인 세상 마음이 되어 다시 나면 이것이 진짜인 살아 있는
진리의 마음이다.

어떻게 하면 마음을 깨끗이 할 수 있나

마음이 깨끗하다는 것은 인간마음을 버리고 대우주의 마음이 되는 것이다. 이것이 마음을 깨끗이 하는 것이다. 우주의 마음은 일체가 없는 마음이고 끊어진 마음이다. 인간의 생각 일체가 나지 않는 것은 자기의 마음 가진 사람은 가진 만큼 생각이 나나 없는 자는 그 생각이 없고 그 마음이 없어 깨끗한 마음이다. 자기 자신의 기억된 일체와 습과 몸을 버리면 깨끗한 마음이 된다.

스트레스 없애는 방법

사람은 자기가 하는 일이 힘이 들고 생각대로 풀리지 않거나 결론에 진전이 없을 때 스트레스가 있다. 또 다른 일까지 겹치면 상당한 스트레스가 온다. 이 모든 것은 자기가 만든 마음에서 그 마음이 수용하지 못하는 좁은 마음일 때 생기는 것이다. 가령 같은 일에도 스트레스가 적은 사람도 있고 또 많은 사람도 있다. 그 마음의 크기에 따라 스트레스가 많고 적고 할 것이다.

사람의 스트레스는 자기의 마음에 있고, 또 그 마음이 수용 못 하는 것에 있으니 이것을 버리면 일체가 없는 개체의 마음이라 스트레스가 없다. 자기 속에 있는 업 습 몸을 버리면 스트레스가 없다.

불안감을 없애는 방법

불안함은 자기의 마음이 감당이 안 될 때 생기는 것이다. 어떤 이는 불안할 만한 조건에도 불안해하지 않으나 어떤 이는 불안해하는 것은 그 마음이 약해서이다. 그 마음속에서 불안한 삶을 살았을 때 불안함이 많다. 이것도 자기의 산 삶의 불안했던 조건과 또 산 삶을 버리면 불안함이 없어진다. 완전해지려면 업 습 몸인 인간마음을 버려 세상의 마음으로 바꾸고 세상에 다시 나면 불안함이 없다.

걱정을 없애는 방법

사람은 누구나 걱정이 있다. 걱정은 미래에 일어날 일에 관하여 미리 염려하는 것이다. 자기의 마음에 자신이 없을 때, 자기가 할 일을 제대로 하지 못하거나 현실 삶에 만족하지 못할 때 걱정이 있다. 이 걱정을 없애는 것은 걱정을 있게 한 자기의 마음을 버리면 된다.

어떻게 하면 생각에서 벗어날 수 있을까

사람의 생각은 자기의 마음에서 나오는 것이다. 이것은 부모로부터 물려받은 몸에 그 습이 있고 자기의 산 삶인 자기의 마음에서 그 생각이 나오는 것이다. 생각에서 벗어나려면 생각이 나오는 뿌리인 그 마음을 버리면 생각이 없어진다.

내면의 평화를 얻으려면

사람은 누구나 평화를 희망하나 평화로운 사람은 없다. 세상이 평화롭고 사람이 평화로우려면 사람의 마음이 참이 될 때 평화로운 것이다. 자기가 살아온 자기의 마음에서는 스트레스밖에 없기에 평화가 없다. 이 스트레스의 마음을 버리면 참마음인 평화의 마음이 온다. 몸 마음 버리는 명상을 해야 한다.

감정을 다스리는 방법

인간의 감정은 자기가 가진 마음에서 나오는 것이다. 자기가 살아오면서 가진 마음과 습과 몸에 그 감정이 있기에 이것을 버리고 참마음인 진리의 마음에 가면 감정이라는 것이 없고 일체를 수용하는 마음만 있다. 가짜가 진짜가 되는 것이다.

후회하지 않으려면

인생을 살면서 많은 이가 후회를 하고 산다. 자기의 삶이 더 향상될 수 있었던 것을 지나고 나서야 후회하고 또 어떤 사람과의 관계에서 잘못된 것과 잘못한 것을 후회하기도 한다. 이 후회는 지나간 하나의 헛된 꿈과 같기에 이것을 없애려면 그 요인인 사연을 없애면 된다. 자기의 산 삶 일체의 기억된 생각을 없애면 후회가 없어진다.

화가 나지 않으려면

화란 그 사람의 취향에 맞지 않을 때 일어나는 마음의 모양이다. 화가 일어나는 것은 사람에 따라 다르나, 누군가 자기의 약점을 이야기할 때 또 자기가 싫어하는 상황일 때 화가 일어난다. 이것은 화의 뿌리인 자기의 삶을 버리고 습을 버리면 화가 없다. 그 마음을 가지고 있어 화가 있는 것이다.

깨침으로 완전한 자유를 얻는다

깨침이란 자기의 관념 관습에서 벗어날 때 벗어난 것만큼 알게 되는 것이 깨침이다. 사람의 마음은 허상인 가짜라, 그 가짜가 없어진 만큼 진리가 내 마음속에 있어 알게 되었을 때 내 마음이 아! 하며 깨쳐지는 것이다.

허가 깨어지고 참이 된 만큼 깨쳐진다. 다 깨쳐서 완전한 자유를 얻는다는 말은 내 마음이 일절 없고 대우주의 마음이 되고 거기서 다시 나면 다 깨치게 되고 대자유가 된다는 뜻이다.

항상 행복하려면

사람들은 흔히, 남이 부러워하는 것을 내가 가지면 행복할 것이라고 생각한다. 돈을 잘 벌거나, 멋진 배우자를 얻거나, 공부 잘하는 자녀를 둘 때, 자기가 바라는 것이 이루어질 때 행복하다고 생각하지만, 이 행복 뒤에는 반드시 잃는 것이 있어 다시 불행하다고 느끼는 것이다.

진정한 행복은, 내 마음에 행복을 추구하는 마음이 없고 욕심이 많은 인간마음에서 벗어날 때 있는 것이다. 항시 살아 있는 진리의 마음인 아무것도 없는 마음은 이런저런 조건도 수용할 수 있는 마음이라 행복 그 자체이다. 자기가 있고는, 자기의 욕구에는 행복이 없다. 헛것인, 또 가짜인 자기가 없어 진리의 자기가 되면 항시 행복하다.

감사하는 마음을 가지려면

사람은 이 세상 나 사는 것 자체에 감사할 줄 모른다. 자기의 마음속 살아 자기 마음의 욕심 따라 살다 보니 항시 불평하고 사는 것이다. 그러나 사람의 복은 감사함과 너그러운 마음에 있고, 그러한 마음일 때 하는 일도 잘 풀리고 성공할 수 있다. 자기가 살아가는 일체에 감사하는 마음을 가질 때 참 행복한 삶을 살 것이다.

감사하려고 해도 나의 마음이 부정적이라 감사한 마음이 나에게 없어서 감사하지 못하고 산다. 사람의 마음을 부정적인 마음에서 긍정적인 마음으로 바꿀 때만 감사함이 있을 수 있다. 부정적인 마음이며 헛것인 나의 마음을 다 벗어던지면 감사한 마음만 남는다.

마음의 힘

사람이 행하고 사는 것은 그 마음에 의하여 행하고 사는 것이다. 그 마음에 무엇을 가지고 있느냐에 따라서, 사람은 그것의 노예가 되어 살아가고 있다. 사람이 가진 마음에는 확신이 없어 사람의 마음은 아침 저녁으로 바뀐다.

자기 마음에 확신이 있는 것만큼 그 마음에 힘이 있는 것이다. 사람 마음이 아닌 참인 우주마음이 되면 항시 그 마음이 변하지 않고 그것만 하기에 그 마음의 힘으로 이루고자 하는 것을 이룰 수 있다.

우울증은 무엇이며 없애려면 어떻게 해야 하나

우울증은 자기의 뜻과 생각이 현실에 못 미칠 때 우울증이
온다. 이것은 자신을 과대평가한 것이기도 한데, 마음속에
자기라는 상이 높아 환상의 자기와 현실의 자기가 거리가
멀고, 세상과 차이가 많이 나니 좌절된 마음에서 우울해지
는 것이다. 자기의 산 삶 일체가 없고 습과 몸을 버려, 자기
마음이 세상 마음과 하나 되어 다시 나면 우울증을 이겨낼
수 있다.

용기 있는 사람이 되려면

하는 일을 소신 있게 밀고 나가는 사람이 용기 있는 사람이다. 용기 있는 자가 드문 것은 용기의 마음이 없어서이다. 인간마음에 가지고 있는 수만 가지의 마음을 없애면 오직 참인 용기의 마음만 남아 하는 일에 적극적으로 용기 있게 할 수 있다. 일체의 인간마음이 없고 참마음만 있을 때 그것만 할 수 있으니, 이것이 진정 용기가 있는 것이다. 참 아닌 거짓인 인간마음을 버리고 참마음에서 다시 나도록 마음 닦는 수련을 하면 진정 용기 있는 사람이 된다.

외로움을 이겨내려면

외로움은 남이 인정해주지 않고 나 혼자 있을 때 느끼는 감정이다. 사람이 외로움을 느끼는 것은 자기의 마음이 뜻대로 되지 않고 허전한 마음일 때 외로워진다. 가까운 사람과의 관계가 채워지지 않을 때도 외롭다고 느낀다. 이것은 모두 자기 마음의 욕구 불만에서 생기는 것이니 자기 마음인 헛된 것을 버리면 없어진다. 자기의 산 삶 일체와 환상인 습과 몸을 버리면 외로움이 없어진다.

명상하는 방법

사람들은 깨침을 얻어 세상의 이치도 알고 성인이 되려고 수많은 명상을 하고 있다.

명상이라고 하면 가만히 앉아 있거나 또 한 가지에 집중하여 그것만 생각하거나, 고행을 하는 등 그 종류가 수없이 많다. 그러나 깨친 자는 아무도 없다. 만약 그 명상이 되는 명상이라면 누구나 그 명상을 통해 깨칠 수 있어야 한다.

사람은 세상을 사진 찍고 세상 것을 복사한 인간마음 세상 속에 살아, 그 마음에 진리가 없어 깨치지를 못하고 있다. 깨침이란 거짓의 마음이 없어진 만큼 참마음이 될 때 깨쳐지는 것이다. 성경에도 마음이 믿어 입으로 시인한다고 되어 있듯, 거짓이 없으면 참만 남아 이것이구나 하며 입으로 시인하는 것이다. 자기 없애는 명상을 할 때 깨쳐지는 것이고 참이 되는 것이니, 이것이 참 명상법이다.

내려놓는 방법

자기 마음속에 가지고 있는 습과 업은, 버리지 않으면 없어지지 않는다. 자기의 마음속에 있는 습과 업과 몸을 없애는 것, 그것이 내려놓는 방법이다. 가령 자기 속에 미워하는 사람이나 원수가 있으면 그것은 없애면 없어진다. 자기의 마음 일체도 없애면 버려진다. 사람의 마음인 습과 업을 버리면 진리인 참마음이 되어 고통과 짐이 없고 자유이고 해탈이다. 참나라에 다시 나서 영원히 살 수 있다.

삶의 이유

세상 살아가다 보면 사람 마음에서는 돈과 사회적 지위를 쌓는 것이 사는 목적이 되기도 하나, 그것은 먹고사는 것의 방편일 뿐이다. 세상 사는 진정한 이유는 진짜 사람이 되어 참삶을 사는 것이다. 참삶을 살려면 그 마음이 참이 되어야 하고 참세상에 다시 나야 한다.

우리는 영원히 살기 위하여 이 세상에 왔다. 영원히 살려면 인간 완성이 되어야 한다. 인간 완성이 되려면, 가짜인 자기의 몸 마음을 없애어 진짜만 남게 하고 진짜에서 다시 나 살아야 한다. 이것이 우리가 세상 난 이유와 목적이다. 이 세상에는 영원히 사는, 인간 완성이 되는 방법이 없었으나 지금은 그 방법이 있는 때이다.

지혜로운 사람이란

가짜인 인간마음에는 지혜가 없다. 지혜란 진짜인 우주마음 자체가 되었을 때 지혜가 있는 것이다. 지혜란 깨끗한 마음에서 나오는 것이고 깨끗해진 만큼 지혜가 있게 되는 것이다. 우주마음이 되어 사물과 세상의 이치를 깨쳐 아는 것이 지혜다.

사람 마음의 입장에서 보면 알지 못하던 것이 우주의 입장에서 보면 알게 된다. 참마음 가진 자는 지혜가 있어 모든 것을 알고 순리로 행할 수 있다. 가짜 자기가 없고 참 자기로 다시 난 이가 지혜로운 사람이다.

2장
자기 계발

현재에 사는 방법

이 세상 사는 사람들은 모두 다 헛꿈 꾸고 헛짓하다가 죽고 만다. 자기의 산 삶을 후회하고 미래에 관하여 걱정하고 없는 것에 집착하고 사니 현실성이 없기 때문이다. 사람이 현실성이 있으려면 자기의 산 삶과 습, 몸을 없애면 참세상의 살아 있는 의식이 되어 현실성 있는 마음이 된다. 현재 내가 하는 일을 열심히 할 수 있는 마음이 되어 최선을 다하니 하는 일에 능동적이라 능력자가 되는 것이다.

사람은 자기 속의 수많은 생각 때문에 현재에 살지 못한다. 없는 마음인 과거와 없는 미래를 가지고 하는 수많은 생각은 모두 다 없는 것이다. 이것을 버려 참사람이 되면 현재만 있어 하는 일에 능률이 높아지고 현실성이 있어 미래에도 잘 살 수 있다. 지금 열심히 해 놓은 것이 있으면 해 놓은 만큼 미래에 남는 것이다.

나쁜 습관을 고치는 방법

사람의 습관이란 태어나면서 조상으로부터 물려받은 습에 산 삶이 합쳐져서 된 것이다. 이것을 버리지 않고는 습관 바꾸기가 아주 힘이 들고 좀처럼 바뀌지 않는다. 이것을 바꾸려면 자기에게 내재되어 있는, 습관의 뿌리인 마음을 버리면 자기의 습관을 고칠 수 있다.

집중을 잘하는 방법

집중을 못 하는 것은 사람의 마음속에는 수만 가지 마음이
내재되어 있기 때문이다. 집중은 지금 자기가 하는 그것
만의 마음이 있을 때 집중할 수 있다. 자기 안에 있는 헛된
마음을 없애고 참마음만 남게 하면 집중이 잘될 수 있다.

긍정적인 삶

사람의 마음은 긍정적이지 않다. 사람은 그 마음이 자기중심적인 편협된 마음을 가지고 있어 시기, 질투, 비판, 좋다, 나쁘다, 있다, 없다의 마음이 있어서이다. 이 자기의 마음을 없애면 참마음이 되어 수용하는 마음이라 긍정적인 마음이 된다.

긍정적인 마음을 가질 때 항시 긍정적인 삶을 살 수 있고 하는 일도 잘 풀려나가는 삶을 살 수 있다. 부정적인 자는 모든 것이 자기 마음에 맞지가 않아서 세상 일이 긍정적이지 않고 행동이 되지 않아 이루지 못하는 것이다.

긍정적인 삶을 살려면 부정적인 마음을 긍정적인 마음으로 바꾸어야 한다. 바꾸는 방법은 부정적인 마음을 버리는 것이다.

컴퓨터에 AI가 있는 것처럼 사람도
진리의 지혜를 가져라

21세기는 컴퓨터에 AI가 있듯 사람도 진리의 지혜를 가지는 시대이다. 얼마 전에는 프로바둑기사들이 인공지능 컴퓨터와 대국을 하여 패배한 일이 있었다. 지금은 사람도 진리의 지혜를 가져서 인공지능 컴퓨터처럼 모르는 것이 없어야 하는 시대이다. 사람이 성인이고 지혜자가 되어야 한다.

또 유튜브와 같은 소셜미디어에는 사람들이 살면서 궁금해하는 관심사들이 올라와 있다. 이것을 풀어주는 방법은 자기의 관념 관습에서 벗어나 진리인 우주 입장에서 보면 모든 것이 풀린다.

가짜인 자기의 몸 마음을 버리고 진짜인 자기를 찾으면 완성인이 되어 종교 철학 사상 학문 그리고 인생사 일체가 다 해결되니 이것이 21세기의 인간이 가지고 살아야 하는 진리의 지혜이다. 진리의 지혜를 가진 자는 다른 사람들의 의문 의심은 물론 자기의 의문 의심도 스스로 다 해결할 수 있다.

행복하길 원하면 감사하라

행복이란 참마음이 되면 행복 그 자체이다. 참마음은 일체 인간 삶의 시비 분별이 없는 항시 수용하는 마음이다. 그것이 감사한 마음이고 행복한 것이다. 큰마음이 되었을 때 감사할 수 있기에, 자기의 헛된 마음을 없애고 참인 진리 마음 가지고 진리 나라에 나면 감사한 마음만 남아 항시 행복하다.

잘 사는 방법

사람들은 잘 사는 것의 기준을 돈이 많고 잘 먹고 잘 입고 좋은 집에서 사는 것으로 생각하나, 그렇게 사는 사람도 수만 가지 번뇌 속에서 고통 짐을 지고 살아간다.

잘 사는 방법은 고통 짐이 없고 마음이 평화로워 자기가 하는 일에 보람을 가지고 번뇌 없이 그것만 하는 것이며 이런 사람이 부족함이 없이 잘 살 수 있다. 근심 고통 짐인 스트레스 없이 세상의 일체의 것을 수용하는 긍정적인 참 마음으로 참세상 나서 사는 자가 잘 사는 자이고 행복한 자인 것이다. 거짓인 나가 없고, 진리인 나로 다시 난 자가 잘 사는 자이다.

자기 계발

자기 계발이란 자기의 잠재된 지혜를 일깨워주는 것이다. 이것을 일깨우는 것은 자기의 마음에 있는 것을 버려서 살아 있는 마음이 되었을 때 자기의 계발이 될 수 있다. 이것이 지혜인 것이다. 지혜는 허인 인간마음에서는 떠오르지 않고 진리의 마음이 되었을 때 지혜가 떠오른다. 그래서 자기 계발을 하려면 자기의 몸과 마음을 없애어 지혜가 있게 해야 한다. 이것이 참된 자기 계발이다.

똑똑해지는 방법

똑똑하다는 말은 현명하다는 말이다. 자기의 마음에 자기 중심의 마음만 있으면 현명하지 못하다. 사람이 현명해지려면 자기중심의 마음을 버리고 참마음을 가지면 하는 말과 행이 바르고 객관적으로 되어 똑똑하게 된다.

　똑똑하다는 것은 상대가 알아듣기 쉽게 그 말을 전달할 수 있는 것이다. 자기중심의 마음을 버리고 객관적인 마음을 가지면 가능해진다.

포기하지 않는 방법

사람이 어떤 일을 하다 포기하고 싶은 생각이 드는 것은 자기의 마음이 약해서이다. 이때 그 마음에 생명인 참마음을 가지면 포기하는 마음이 없어져 포기하지 않게 된다.

수많은 거짓된 나의 마음에 헛것이 너무 많아서 포기하려고 하나 참마음이 있으면 그것만 하기에 힘이 있고 용기가 있어 행동도 활기차게 되고 하는 일도 잘된다. 부정적인 마음을 없애고 긍정적인 마음을 가질 때 포기하지 않을 수 있다.

자신감이 있으려면

하는 일에 자신이 있어야 자신감이 있다. 자신감이란 하려고 하는 일을 감당할 수 있는 능력을 말한다. 자신감이 없는 것은 미래에 대한 걱정이 많아서이다. 지금까지 살아오는 동안 실패했던 경험으로 인한 열등의식의 많고 적음에 따라서 걱정도 자신감도 많고 적고 한 것이다. 이것을 없애면 자신감이 커진다. 자기 삶에서 뒤처졌던 것들을 다 없애고 그 마음이 원래의 마음으로 가면 열등의식의 마음이 없어져서 자신감이 있게 된다.

지루함을 극복하는 방법

지루함을 이기는 가장 효과적인 방법은 지루하게 만드는 그 마음을 없애면 된다. 자기 속에 가지고 있는 마음들이 지루하고 고독하게 만들기에 그 마음을 일으키는 근원의 마음을 없애면 이 마음이 없어진다. 마음 없애는 수련을 하는 것이 명약이다.

집중을 위한 수련

사람이 어떤 일에 집중하지 못하는 것은 살아오면서 가진 수만 가지 생각 때문이다. 그 생각은 없애면 없어진다. 자기의 살아왔던 산 삶을 버리고 마음의 환을 없애면 그 마음이 없고, 살아 있는 지혜의 마음만 있어 집중할 수 있고 최고의 실적을 올릴 수 있다. 공부나 일을 할 때도 마찬가지다. 그 마음이 공부에서나 일에서나 한 가지만 하여 성과가 있을 때 어디에서든 주위의 인정을 받게 된다. 집중을 위해 마음 버리는 명상이 필요하다.

미루는 버릇

어떤 일을 하려다 미루는 것은, 그럴 만한 일이 있어서가
아니라면 습으로 인해 미루는 경우가 많다. 이것은 자기의
마음이 복잡해서다. 그 복잡한 마음을 없애면 이 몸이 움
직여져서 미루지 않는다. 몸이 안 움직이게 하는 마음을
빼면 미루지 않고 움직이게 된다.

생산성이 있으려면

자기가 하는 일에 번뇌가 없고 마음이 없어 그것만 할 때 지혜도 나오고 또 생산성이 있다. 타의 추종을 불허하는 일인자가 되기 위해서 하는 일만 할 때 최고의 생산성이 있다. 생각이 많은 마음을 없애면 그것만 할 수 있게 된다.

자기 훈육의 방법

훌륭한 명언이나 나의 좋은 생각도 내 마음에 헛것이 가득하면 행동으로 나오지 못한다. 그렇게 하려고 해도 나 속에 수많은 마음이 있어, 순간에는 그렇게 해야 한다고 생각하나 그 순간의 마음일 뿐이지 자기가 자기를 훈육하는 것은 불가능하다. 자기 훈육을 하려면 자기의 마음을 없애어 진리의 마음으로 바꿀 때만이 나 자체가 훈육 자체가 되어 그것이 가능해진다. 자기가 완전하니 부족함이 없는 완성자가 되어, 훈육할 것조차 없는 훈육 그 자체가 되는 것이다. 헛것인 자기의 마음을 버리면 완전하게 된다. 그것이 완전한 훈육이다.

사람의 진정한 가치

사람은 이 세상 살면서 자기의 생각대로 되는 것을 가치라고 생각하고 사는 이가 많다. 사람의 진정한 가치는 자기가 살아 있는 진리가 될 때 있는 것이다. 살아 있는 진리가 되지 못한 채 이룬 자기의 업적은 모두 다 가짜라 가치가 전혀 없다. 미완성인 인간이 완성되어 세상의 모든 이와 함께 살아갈 때 가치가 있는 것이다. 사람의 가치는 살아 있는 진리가 되어 영원히 사는 것에 있고 진리의 나라에 업적이 많은 이가 가치가 있는 것이다. 미완성인 가짜의 세상에서 완성인 진짜의 세상 나서 그 나라 사는 자가 가치 있는 자이다.

삶을 향상하는 방법

사람이 고통 짐 지고 사는 것은 죄의 세상이고 헛세상인 자기가 만든 마음의 세상 속 살아서이다. 이 마음의 세상을 가지고는 삶이 향상되지 않는다. 가지고 있는 그 마음에서만 말하고 행하고 살아가기에 삶의 향상이 없는 것이다. 사람이 자기의 마음 자체를 없애면 세상의 이치를 훤히 알아서 완전히 다른, 더 행복하고 더 잘사는 삶을 살 것이다. 지혜가 있고 행이 있어서이다.

나 자신을 사랑하는 방법

미완성인 사람은 자기중심적으로 자기만 알고, 자기만 아는 세상에 살고 있다. 허상을 너무 좋아하고 사랑하여 남의 것을 이해하고 사랑하는 마음조차 없는 것이다. 그렇게 가짜인 자기를 사랑하나 가짜라 죽고 마는 것이다. 뜻도 의미도 하나 없이 죽고 마는 것이다.

죽으려고 하면 살고 살려고 하면 죽는다는 말이 있다. 이 말은 가짜인 자기가 죽으면 진짜에 가서 진짜로 날 수 있고 살 수 있다는 말이다. 가짜인 자기를 가지고 있지 말고 그것을 버려 진짜가 되어 영원히 사는 것이 진정 자기를 사랑하는 것이 아니겠는가.

가짜인 자기를 버리고 진짜인 자기를 찾는 길만이 자신을 진짜로 사랑하는 것이다. 자기를 회개하는 자가 자기를 사랑하는 자이다.

3장
건강한 삶

오래 사는 방법

사람이 오래 살려면 항시 수용하는 마음을 가져야 오래 살수 있다. 부정적인 마음 가진 자는 늘 스트레스라 온몸의 기혈이 돌지 않아서 오래 살 수 없다. 자기중심의 스트레스 마음을 다 버린 자는 긍정적인 마음이라 오래 살 수 있다. 알맞은 음식과 운동도 지혜가 있어 스스로 알아서 한다.

잠을 잘 자는 방법

사람이 잠을 잘 자려면 하루 종일 움직여야 한다. 그리고 자기의 마음에 기록된 산 삶 일체를 없애고 참마음이 되면 숙면을 취할 수 있다. 잠을 잘 자야 건강할 수 있기에 낮에 는 부지런히 움직이는 자가 되어야 하고, 스트레스인 자기 마음을 없애면 깊은 잠을 잘 수 있다.

면역력을 높이는 방법

사람들은 면역력을 높이기 위해 채식을 하기도 하고 면역력 높이는 음식을 먹거나 약을 먹기도 한다. 그러나 이것은 항시 하지 못하기 때문에 병이 생기기도 한다.

사람의 면역력을 높이는 최상의 방법은 기혈이 잘 돌게 하는 것인데 스트레스인 마음을 버리면 온몸에 기혈이 잘 돌아서 면역력이 좋아진다. 이 몸은 마음과 하나여서 그 마음이 편안한 마음이고 평화의 마음 가질 때 면역의 힘이 최상이 된다. 스트레스인 인간마음을 버리고 큰마음인 세상 마음으로 바꾸는 것이 면역력을 최상으로 높이는 방법이다.

정신 건강

사람의 뇌와 몸에 여러 가지 병이 있는 것은 정신인 자기 마음에 낳은 마음이 있어서다. 그 마음이 자기가 뜻하는 바와 일치하지 않을 때 병이 생긴다. 기혈이 통하지 않아서다. 이것도 자기 마음속에 가지고 있는 부정적인 마음 일체를 버리면 참마음만 있어 그 병이 없어진다. 마음을 없애면 기혈이 잘 통하여 정신과 몸의 건강이 좋아지기 때문이다. 참마음만 있을 때 정신과 몸의 건강이 있는 것이다.

온몸과 마음을 치유하려면

사람은 비정상적인 것이, 마음이 비정상적이어서 몸과 마음이 비뚤어져 있다. 사람은 바른 세상과 하나가 되지도 못하고 세상에 살지도 못하고, 자기의 마음속 살아서 비정상적이다. 몸 마음의 치유 방법은 가짜인 인간마음의 세상을 없애고 세상 나 살면 몸과 마음이 다 치유가 된다.

웃음이 약이다

동양에는 웃으면 복이 온다는 말이 있다. 또 웃으면 건강에 좋다고도 한다. 사람이 웃을 수 있는 것은 사람의 마음이 긍정적이고 큰마음일 때 웃을 수 있다. 그 웃는 마음에는 스트레스의 마음이 없어 기혈을 잘 돌게 해주니 약 중에 최고의 약이다. 항시 웃을 수 있는 사람은 스트레스의 마음이 없어 웃지 않는 자보다 건강하고 오래 살 수 있고 또 잘 살 수 있다.

뇌를 건강하게 하는 방법

사람의 모든 질병은 스트레스의 마음이 있어 그 부분의 기혈이 돌지 않아서 생긴다. 뇌도 스트레스의 마음을 없애고 그 스트레스인 자기의 기억된 생각 일체를 버리고 그 뇌의 상을 없애면 뇌가 좋아지고 건강해진다.

살 빼는 방법

사람이 살이 찌는 것은 음식을 먹고 움직이지 않아서이다. 알맞게 먹고 많이 움직이고 운동을 하면 살이 찌지 않는다. 알맞게 먹는다는 것은 배가 부를 성싶게 먹는 것이고, 하루 세 끼 이외에는 먹지 않는 것이 좋다. 굶거나 폭식하거나 좋아하는 것만 많이 먹는 것은 금물이다. 이것도 그 마음에 생각이 많으면 음식 조절이 되지 않아 많이 먹게 된다. 그래서 스트레스가 많은 자가 살이 찐다. 자기 생각을 일으키는 근본인 자기의 마음을 없애면 먹는 양이 삼분의 일 이하로 떨어져 살이 찌지 않는다.

담배, 술, 마약을 끊는 방법

사람이 담배, 술, 마약을 끊으려고 해도 좀체 끊지 못한다. 하지만 담배, 술, 마약을 했던 자기의 마음속 사연과 자기를 없애고 근원에 되돌아가서 근원에서 다시 나면 끊을 수 있다. 담배, 술, 마약을 했던 자기가 없어지기 때문이다. 자기가 없어졌을 때 "담배, 술, 마약을 끊는 방법은 안 하는 것이다"라고 하면 그 말에 많은 이가 끊는 것을 보아왔다. 못 끊는 이에게는 "네가 담배, 술, 마약에 지느냐"고 하면 모두 다 끊는다.

젊어 보이는 방법

사람들은 젊어 보이기 위해 화장도 하고 좋은 음식과 약을 먹기도 한다. 그러나 그 마음에 스트레스와 고통 짐이 없어야 인상이 펴지고 젊어 보이는 것이다.

스트레스와 고통 짐이 있으면 기혈이 돌지 않고 세포가 원활하지 않아 주름살이 생기고 나이가 들어 보이나 자기의 스트레스와 고통 짐의 마음을 버리면 젊어 보이는 것을 수없이 많이 본다. 나이도 훨씬 적게 보이고 그 마음이 없어 자신의 얼굴 중 가장 예쁜 얼굴로 변한다. 자기의 마음을 없애는 것이 젊어 보이는 가장 좋은 방법이다. 그리고 최고의 건강도 찾을 수 있다.

나를 치유하는 방법

인간은 살면서 자기 마음의 세상에 채우기만 하고 살아 수만 가지 번뇌와 고통 짐을 지고 산다. 정신적인 병이나 몸의 병도 그 마음에서 있는 것이다. 그 마음을 버리고 나면 정신적인 병도 몸의 병도 좋아지는 것을 자주 볼 수 있다.

　미완성인 인간은 자기의 마음속에 살아서 미완성이다. 그것을 버리면 정신과 몸이 참이 되어 건강해진다. 그 정신에 모든 병이 있는 것이다. 거짓인 자기 없애는 공부를 하고 다시 나면 참세상에 나 살아서 그 병이 없어진다. 마음인 정신이 허에서 참이 되니, 자기의 병이 치유되고 바뀌는 것을 자주 보았다. 그 마음에 모든 것이 있기에 그 마음을 없애면 그 속에 묶여 있는 스트레스가 없어지고 몸마음이 건강해진다.

4장
인간관계

좋은 대화의 기술

상대의 말을 잘 듣고, 상대가 옳다 그르다 판단하지 말아야 한다. 상대의 말을 긍정적으로 생각하고 수용해야 한다. 나의 주장을 하지 말고 참된 말을 하여 상대가 믿을 수 있게 해야 한다. 이것도 나의 거짓인 마음을 버리고 참마음이 있을 때 가능하다. 참마음으로 상대의 말을 진실하게 들으면 상대가 믿음을 가지고 내 말을 듣고 나의 뜻을 받아들인다.

사람은 자기중심의 자기밖에 모르는 마음만 있어 자기 이야기만 하나 이 말은 상대를 움직일 수 없다. 상대는 참이 된, 진실한 내 마음의 말을 듣기에 거짓인 내 마음을 버린 이는 상대를 믿게 하고 상대를 움직일 수 있다.

사람들이 나를 좋아하게 하는 방법

상대가 나를 좋아하게 하려면 나의 주장만 하지 말고 상대의 뜻을 받아들이는 마음이 있을 때 상대가 나를 좋아한다. 항시 겸손하고 진실한 마음일 때, 좋은 점을 칭찬할 때 상대가 나를 좋아한다. 거짓인 나의 마음을 없애면 진실한 나의 마음만 남는다. 진실한 마음이 되면 상대가 나를 좋아한다.

사람들과 잘 지내는 방법

사람들과 잘 지내려면 잘난 체하지 말아야 하고 자기의 헛된 자존심이 없어야 잘 지낼 수 있다. 상대의 말을 진실하게 받아들이고 자기의 주장이 없어야 상대가 나를 좋아하고 함께 잘 지낼 수 있다. 이런저런 사람을 수용할 수 있어야 잘 지낼 수 있다. 자기의 편협된 마음을 버리고 세상 마음으로 바꾸면 상대를 수용하기에 잘 지낼 수 있다. 자기중심의 마음을 버리면 된다.

사람을 대하는 방법

상대가 부담을 갖지 않게 대해야 한다. 상대에게 내 말만 하지 말고 상대의 말을 경청하고 상대의 뜻을 수용해야 한다. 항시 참이 된 마음으로 대하고 상대에게 기대하는 마음이 없어야 한다. 상대의 장점을 말하고 흉이나 잘못됨은 말하지 않는다. 상대의 말과 행을 수용하고, 참인 마음 없음의 큰마음으로 대하면 상대가 항시 나를 좋아하니 거짓마음을 버리고 참마음을 찾아야 한다.

매력적인 사람이 되려면

자기가 하는 일, 그것만 열심히 할 때 매력이 있다. 하는 일에 실적이 있어야 하고 큰마음으로 여유가 있게, 항시 긍정적인 마음으로 그리고 언제나 웃으면서 일하고 상대를 대하면 매력이 있는 것이다. 그 마음의 변함이 없이 항시 그렇게 사는 이가 매력이 있다. 이 마음은 일부러 만들려고 하면 만들어지지 않는다. 이 마음은 자기의 마음인 산 삶과 습과 몸을 없애고 본래인 대우주의 마음을 가질 때 저절로 매력적인 마음이 되어 매력적인 사람이 된다.

참사랑이란

사랑이란 상대에게 대가를 바라지 않고 수용하는 것이 참 사랑이다. 흔히들 사랑한다는 말을 많이 하나, 나의 욕심에 상대를 움직여 가지려는 마음에 사랑한다고 말하기도 한 다. 그것은 진정한 사랑이 아니다. 진정한 사랑은 하나님만 하신다고 기독교에서 이야기하는 것은, 하나님은 오직 수 용하는 마음만 있어서이고 시비분별, 좋다, 나쁘다는 마음 이 없어 진정한 사랑인 것이다. 자기 마음을 버리고 항시 대우주의 마음이 되어야 변하지 않는 사랑을 할 수 있다.

인종차별 없는 세상이 되려면

자기중심의 자기밖에 모르는 삶을 살 때 편협된 마음에 인종을 차별한다. 의식이 낮은 사람들의 행위이다. 사람이 자기중심의 마음을 버려 대우주의 참마음을 가지면 모두가 하나임을 깨치고 알게 된다. 흑인, 백인, 황인이 모두가 자기 마음인 것을 알면 인종차별은 있을 수 없다. 사람이 완전한 큰마음을 가져 세상 사람이 모두가 자기임을 알 때 세상 사람들이 하나가 되고 인종차별도 없어진다. 나의 마음인 산 삶을 버리고 습인 환을 없애고 몸을 없애고 큰마음에 가서 다시 나면 인종차별이 없고 하나가 되어 살 수 있다.

친구를 사귀는 방법

사람이 친구를 사귈 때는 대부분 자기의 마음 상태와 같은 사람을 사귄다. 모두가 자기의 마음 상태와 유사한 사람을 좋아하고 자기를 이해하는 사람, 자기를 좋아하는 사람을 친구로 사귀는 경우가 많다.

　친구는 사귀려고도 하지 말고 기대하려고도 하지 말고, 내 마음이 진실한 마음이 되게 하여 상대를 진실하게 사귀어야 변함이 없는 친구를 만날 수 있다. 내 마음이 참이 되면 상대도 나를 참되게 대하고 참으로 나를 이해하고 사귈 것이다. 나의 헛된 마음을 버리고 참마음이 되어 사귀는 것이 참 친구를 만나는 방법이다.

조화를 이루는 방법, 어울리는 방법

이 세상은 모든 이가 남과 함께 살아가야 하나 자기중심적인 이기적인 삶을 사는 이가 많다. 조화를 이루려면 큰마음이 필요하다. 자기중심의 편협된 마음은 자기만의 생각에 맞추려 하니 힘이 들고 다른 사람과의 조화도 이루어지지 않는다.

자기의 산 삶과 습을 없애고 세상 마음이 되면 이것저것이 다 수용되어 삶 자체가 힘이 들지 않고, 순리의 삶 살아 부딪침과 걸림이 없다. 인성이 좋아서 조직에서도 조화가 잘되고 남이 나를 좋아하여 잘 어울릴 수 있다. 남들과 부딪침이 없으니, 타인의 인정을 받아 성공할 수 있다.

인생에서 가장 중요한 것은 편협된 자기의 가짜마음을 버리고 큰마음인 진짜마음이 되어 사는 것이다. 그러면 조화가 잘되고 자기 뜻대로 다 이룰 수 있다.

좋은 부모가 되는 방법

좋은 부모가 되려면 참사람이 되어야 한다. 참이 되어 참으로 자식을 진실하게 대할 때 자식의 정서도 안정된다. 또한 바른 마음을 가지고 살아서 자식도 바르게 살게 되고 삶이 힘들지가 않을 것이다.

　사람은 가짜인 자기 마음의 세상 속 살아 미완성이다. 고통 짐 지고 살고 궁금한 것과 의문 의심이 수없이 많아 인생을 살아가는 것이 힘이 드는 것이다. 가짜인 자기 마음의 세상을 버리고 참마음을 찾아 참세상 나서 사는 것이 가장 가치 있는 삶이다. 참이 되어 사는 것이 좋은 부모가 되는 최상의 방법이다.

5장
성취하는 삶

새로운 시대의 완전한 리더십과 팔로워십

사람은 이 세상 나 살면서 누구나 사회생활을 하지만, 자기가 해온 공부나 그 성격 여하에 따라 성공을 하기도 하고 못 하기도 하는 차이가 있다. 통계학적으로는, 학교 다닐 때 공부를 잘한 사람보다 성격이 좋은 사람이 성공했다는 결과도 있다.

전인교육이란, 중국에서는 지인용智仁勇을 가르치는 것을 말했고 한국에서는 지성, 덕성, 야성을 갖춘 이가 전인이라고도 했다. 그러나 지성, 덕성, 야성을 다 갖추고 행동하기란 쉽지 않다. 그것이 잘되려면 그 마음이 되어 있을 때 저절로 행동으로 나올 것이다.

지금까지 사람은 자기의 기억 속에 사진 찍어서 만든 마음의 세상 속에 살고 자기가 경험한 것만 가지고 살았기에 사람의 마음은 그 자체가 허상이다. 그래서 세상의 이치도 알지 못하고 자기가 경험한 것만 맞는다고 생각하고 산 것이다. 앞으로의 세상은 그러한 미완성의 세상이 아닌 완성의 세상이 될 것이다. 완성의 세상에서 완성의 사고를 하고 살아야 바로 되고, 오래도록 참삶을 살 것이다.

　사람은 허상인 자기의 마음세상 속에 사니 그것이 허상이다. 헛세상에서 헛짓하다가 죽고 마는 것이 사람인 것이다. 사람이 부딪침과 걸림이 없고 막힘이 없으려면 세상과 겹쳐진 자기 마음세상에서 살 것이 아니라 그것을 버려야 한다. 그것을 다 버려 진리가 자기 마음이 되어 그 진짜인 나라에 다시 나면 세상의 이치도 다 알고 궁금함과 의문 의심도 없어진다. 고통 짐 스트레스도 없고 번뇌가 일절 없어 하는 일만 열심히 할 수 있다. 지혜 자체라 순리로 다 해결하고 아이디어가 출중하여 마치 인공지능을 갖춘 컴퓨터처럼 사람도 AI를 가진 것처럼 된다.

　그 마음에 덕이 있어 남을 칭찬할 줄 알고 그 마음에 모난 것이 없어 부딪침이 없으니 서로 화기애애한 생활을 할 수 있다. 수많은 번뇌를 가지고 자기주장만 하던 사람도 하는 일만 열심히 할 수 있게 되니 더 좋아지려고 해야 더 좋아질 게 없을 만큼 진실한 삶을 살게 하는 최상의 방법인 것이다. 사람은 그 마음에 가진 것만큼 살기에 마음먹은 대로 산다는 말이 있다.

　학교 다닐 때, 그 마음에 법을 가진 자는 법으로 먹고살고 건축을 가진 자는 건축으로 먹고살고 컴퓨터를 공부하여 컴퓨터를 마음에 가진 자는 컴퓨터로 먹고살 듯 자기 마음속에 가지고 있는 것으로 사는 것이다.

또 같은 법, 건축, 컴퓨터를 하더라도 어떤 이는 크게 성공하고 어떤 이는 먹고살기도 힘이 드는 것은, 그 마음에 그것만 할 수 있는 진실한 마음이 없어서이다. 허상인 자기의 번뇌가 많은 자는 그 번뇌 때문에 하는 일에 전념하지 못하고 수만 가지 생각만 하다가 시간만 낭비하고 만다. 그 마음에 진리의 마음만 있으면 하는 일만 하여 성공할 수 있다. 인간관계도 자기중심적이지 않아 상대의 말을 잘 들어주고 너그러이 대할 수 있는 수용하는 마음이 있어 항시 이해할 수 있는 마음이 된다. 지금은 완전한 진리의 마음을 가지고 사는 자가 최상의 사람인 것이다.

옛 시대의 전인은 지성, 덕성, 야성을 갖춘 사람을 말하는 것이었으나 진정한 전인으로 살지는 못했다. 그러나 지금의 전인은 진리 나라에 가서 진리 나라에 다시 나 사는 자라 진심이어서 잘 살 수 있다.

한 번밖에 없는 생이건만, 이 세상에는 아무도 나를 좋아하는 사람도 없고 인정해주는 사람도 없고 또 나를 위해 조건도, 시 때도 기다려주지 않는다. 항상 지금이 적기라고 생각하고 남이 나를 좋아하도록 행동하고 하는 일에 타의 추종을 불허하는 일인자가 되도록 노력해야 한다. 헛마음에서 이루려고 하지 말고 나의 마음 자체가 참마음이 되어야 그렇게 행할 수 있다.

네 안의 잠자는 거인을 깨우라는 말도 있지만 세상 마음이 아니면 아무리 해도 깨워지지 않는다. 참마음이 되어야 저절로 깨워지는 것이다. 교육 중에서도 인간 완성 교육인 참마음이 되게 하는 인성교육을 받고 세상 살면 지혜 자체가 되어 잘 살 수 있다. 이것이 새로운 시대의 진정한 리더십이고 팔로워십이다.

성공하는 방법

성공을 하려면 하는 일에 전심전력을 할 수 있는 마음이 되어 있어야 성공할 수 있다. 어떤 일을 하는 데 수많은 생각으로 머리가 복잡한 자는 하는 일을 열심히 할 수 없을 것이다. 공부 잘한 사람보다 성격 좋은 사람이 성공한다는 말은, 자기중심적인 이기적인 사람보다 항시 남의 말을 수용하고 남의 뜻을 수용할 수 있는 사람, 자기가 하는 일에 번뇌가 없이 그것만 전심전력으로 하는 사람이 성공할 수 있다는 말이다. 자기의 마음이 참이 되어야 성격도 좋은 사람이 되고 하는 일만 열심히 하게 되어 성공할 수 있다.

목적을 달성하는 방법

목적하는 것이 있으면 그것을 이루려는 마음이 있어야 한다. 그 마음에 목적하는 것만 있고 그것을 위해 움직였을 때 빨리 이루어질 것이다. 사람이 목적을 달성하지 못하는 것은 수많은 생각이 있어서이다. 이 생각이 일어나는 마음을 없애면 마음이 없어지고 아무런 마음이 없어야 목적하는 것만 하기에 이룰 수 있는 것이다.

창의력을 가지려면

창의력을 가지려면 살아 있는 진리인 우주의 마음을 가져야 한다. 헛것인 인간마음을 다 버리고 진짜인 세상 마음이 되면 지혜가 있어 창의력이 있는 것이다. 자기의 마음 속에는 창의력이 없고 참마음일 때만 창의력이 있다.

설득력이 있으려면

상대를 설득하려면 믿음을 주어야 한다. 상대에게 믿음을 주는 진실한 나의 말이 상대를 움직인다. 그리고 상대가 집중하여 내 말을 듣게 하여야 한다. 나의 마음이 그 말에 집중하며 말할 때 설득력이 있는 것이다.

부자 되는 방법

부자가 되려면 부자가 될 수 있는 그릇이 되어야 한다. 자기가 하는 일에 자신이 있어야 하고 사람들과 어우러지는 어진 마음이 있어야 하고 과거의 후회도 미래의 걱정도 하지 않고 지금 하는 그것만 할 수 있어야 한다.

오늘 산 것이 미래의 삶이라, 오늘 하는 일에 전심전력할 수 있는 마음이 되어 있고 상대를 수용하는 큰마음이 있을 때 부자가 될 수 있다.

걸림, 막힘이 없도록 마음을 닦아 번뇌 없는 마음이 되어서 하는 일만 열심히 할 때 지혜가 나와서 잘살 수 있다.

직업을 구하는 방법

직업을 구할 때 취미나 적성에도 맞고 또 경제적인 비전이 제시되는 것이 좋은 직업이나 나의 뜻에 맞는 직업이 좀체 얻어지지 않는 것은 그런 분야의 일자리는 적고 사람은 많아서이다. 구한 직업이 나의 뜻과는 좀 다르다 해도 거기에 가서 내가 그 일에 집중하여 성과가 우월해지고 조직에 잘 어울리는 인성을 가지면 성공할 수 있다.

생존하는 방법

사람들은 모두 다 어릴 때부터 모든 것을 남보다 잘하려고
만 한다. 공부도 남보다 잘하고 돈벌이도 잘해야 하는, 눈
에 보이지는 않지만 끊임없이 싸움을 해야 하는 정신 싸움
꾼이다. 그러나 사람이 이 세상 살아가는 데에는 그 마음
이 큰 자가 성공하고 뜻도 이룰 수 있다. 마음이 작은 자는
하는 것마다 부딪침이 있어 뜻을 이루기가 힘들다. 학교
다닐 때 공부 잘했던 사람보다 성격이 좋은 사람이 성공했
다는 미국의 통계도 있다. 또한 너무 이기적인 삶을 사는
사람은 그 수명이 길지가 않다고도 한다.

성격이 너그럽고 남을 이해하고 큰마음 가진 자가 성공
하는 것은 주위의 사람들이 밀어주고 협조해서일 것이다.
그 마음에 큰마음 가지고, 하는 일만 열심히 하면 성공할
수 있다. 큰마음으로 바꾸는 방법은 자기의 관념 관습을
없애는 것이다.

돈을 절약하는 방법

돈을 절약하려면 소비하는 것으로 자기의 열등의식을 풀려는 마음을 없애야 한다. 꼭 필요한 곳에만 쓰고, 자기의 분수를 알아 돈이 없으면 안 쓰고, 열심히 일에 몰두하면 돈을 쓸 시간이 없어 안 쓰게 된다. 자기 마음에 열등의식의 헛된 마음이 있어 돈을 쓰게 되는 것이라, 이 헛된 마음을 버리면 괜찮아진다.

재능 있는 사람이 되려면

사람의 재능은 태어날 때부터 서로 다르다. 그러나 같은 일을 하더라도 열심히 노력하고 꾸준히 하는 사람을 이길 수는 없다. 재능이 없다고 하더라도, 하는 일 그것만 묵묵히 하는 자가 성공하는 것을 우리는 많이 볼 수 있다. 자기의 마음을 없애고 하나의 큰마음 가진 자는 그것만 하기에 성공할 수 있다. 선천적인 재능보다 마음 닦는 자가 참 재능 가진 사람이다.

내 삶을 정리하고 체계화하는 방법

사람은 자기 속에 마음을 가지고 살기에 정리와 체계화가 뜻대로 되지 않으나, 그 마음의 틀을 없애면 자연적으로 삶이 정리되고 체계화가 된다.

　자기의 마음이란 업과 습과 몸이다. 이 자체가 자기의 관념 관습이고 이 자체가 없으면 내 마음이 근원인 진리가 되어 정리와 체계화가 저절로 되는 것이다. 가짜인 자기의 관념 관습에서는 그 가짜가 있어 삶의 정리와 체계화가 잘 되지 않는다. 가짜가 없고 참이 되면 큰마음이라 세상의 것이 다 수용이 되고 자기의 관념 관습에서 보던 삶을 정리하고 체계화할 수 있다. 그 방법을 모르다가 참이 되면 스스로 알게 된다.

빨리 배우는 방법

우리는 학교에 다니면서도 사회에 나와서도 무언가를 배우려고 애쓰고 산다. 하지만 수많은 생각이 있으면 잘하지도 못하고 전념할 수도 없다. 번뇌인 생각과 그 마음을 버리면 그것만 전념할 수 있게 되어 무엇이든지 잘할 수 있게 된다. 세상 살면서 성공하는 방법은 하는 일만 열심히, 생각 없이 전념하는 것이다. 그것만 하는 자가 매력이 있다. 빨리 배우는 것도 그것만 관심 있게 배우려는 마음일 때 빨리 배울 수 있다.

세상 사는 방법

이 세상은 한 세상인데, 이 세상 사는 사람들은 사람의 수효만큼 많은 고민을 하고 고통 짐 스트레스 속에서 살아가고 있다. 사람은 자기중심적이고 자기의 마음세계에서 자기가 지은 마음만큼 수많은 스트레스 속에 살기에, 세상을 수용하는 세상의 마음을 가지게 하여 세상에 맞추어 살아가게 하는 것이 세상살이의 가장 지혜로운 방법이다. 가짜인 좁은 인간마음에서 벗어나 세상 마음이 되어 살아야 항시 긍정적이고 스트레스가 없는 행복한 삶을 살 수 있고, 막힘과 걸림이 없는 세상살이를 할 수 있다. 자기의 거짓인 몸과 마음 없애는 명상을 하고 세상 살면 성공할 수 있다.

행복의 조건

사람이 이 세상 태어난 이유와 목적은 인간 완성이 되어 영원히 죽지 않기 위해서다. 그리고 행복하게 살기 위해서다. 고통, 짐이 없이 자유롭고 행복하게 살려면 미완성이고 가짜인 자기를 버리고 완성된 자기부터 되찾아 생을 살면 항시 행복하고 기쁠 것이다. 무엇보다도 근심, 걱정, 스트레스를 주는 미완성인 자기를 버리고 참 자기를 찾아 참 세상 나서 살면 세상에서도 성공할 수 있고 하는 일에서도 성공할 수 있다. 참사람부터 되고 세상 살면 그지없이 편안한 삶을 살고 스트레스 없이 잘 살 수 있다. 지금은 스트레스 자체인 자기 마음을 없애는 시대이다.

6장
영성과 깨달음

완전한 깨침이란

사람들은 흔히들 깨쳤다고 말하나, 세상에 깨친 자가 없었던 것은 깨친 자가 있었다면 다른 사람을 깨치게 할 수 있어야 하는 것이다. 자기의 산 삶에 의하여 자기의 허상인 마음속 살 것이 아니라 그것을 버리면 사람의 의식이 진리인 대우주의 마음으로 바뀐 만큼 자기중심의 마음이 깨질 때 깨침이 온다. 자기 속에 하나님이 있고, 천국에 난 자가 다 깨친 자이다. 그것이 완전한 깨침이다. 인간 완성이 된 자가 다 깨친 자인 것이다. 인간마음에서 신인 우주마음이 될 때 많이 깨쳐진다.

진리를 아무도 가르치지 못한 것은

진리란 영원불변한 것이라고 우리는 배워왔다. 영원불변하고 살아 있는 비물질적인 실체가 진리의 정의인 것이다. 이 진리를 아무도 가르치지 못한 것은 사람에게 진리가 없어서이다. 이 세상에 수많은 이가 살다가 갔지만 진리를 가르칠 수 없었던 것은 아무도 진리인 자가 없었기 때문이다. 진리인 자가 사람으로 와야 진리를 가르칠 수 있고 진리인 자가 세상에 와야 진리 나라를 창조해 줄 것이다.

에디슨이 전깃불을 가지고 와서 그것을 이용하였듯이, 진리가 와야 진리를 보여주고 진리 나라에 가서 나게 하고 진리 나라에서 살게 할 수 있다.

물질의 세상이 정신의 세상인 진리의 세상에 나서 죽음이 없이 영원히 사는 것이다. 인간 완성의 시대이고 성인이 되는 시대다. 진리 존재가 사람으로 왔을 때 이루어진다.

영혼이란 무엇인가

흔히들 사람이 죽으면 그 영혼이 있는 것으로 알지만, 사람에게는 영혼이 없다. 이 세상에 있는 물질은 그 물질이 살아 있을 때 있고 행동도 하는 것이지, 없으면 없는 것이다.

가령 사람이 한 사람 죽어 있다고 가정해보면 그 사람은 생각도 못할 것이고, 느끼지도 못할 것이 아닌가. 그냥 아무것도 없는 물질인 것이다. 물질은 태워 없애면 아무것도 없지 않은가.

이 세상 나 있는 물질은 그 형상으로 있다가 없어지면 아무것도 남는 것이 없다. 자기가 없어지고 마음이 본래에 가서 거기서 다시 나야 영혼이 있는 것이다. 진리 주인이 그 영혼을 창조해 주어야 참 영혼이 있는 것이고, 이것이 다시 났다는 말이다. 사람 속에 진리인 영혼이 있는 자는 삶과 죽음 없이 영원히 살 수 있는 것이다. 살아서 가짜인 자기가 다 죽고 진리로 다시 난 자만이 영혼이 있다.

천국, 진짜 천국

이 세상에는 신을 본 자도, 천국을 보고 간 자도 없다. 봤다는 천국은 모두 진짜가 아닌 허상이다. 신과 천국은 마음속에 있다고 모든 경이 그렇게 말하고 있으나, 인간은 자기의 마음속 살아서 세상의 마음이지 않아 죄인이고 미완성이라, 하나님도 천국도 없다. 자기의 죄인 산 삶과 자기 버리는 회개를 하여 헛세상인 자기 마음세상을 다 없애고 참세상에 가야 나 속에 하나님이, 나 속에 천국이 있는 것이다.

사람들은 이 몸이 죽어 천국 가는 줄 알고 있으나 살아서 그 마음이 참세상 마음이 되어 거기서 다시 나면 천국인 이 땅 이곳이 항시 내 마음속에 있어 삶 죽음이 없이 천국 나 사는 것이다. 하나님도 천국도 사람이 보지 못하는 것은 진리의 세상이 마음속에 없어서이다. 자기의 죄인 업습 몸을 없앤 자는 항시 천국 나 산다.

하나님을 보고 아는 방법

사람이 하나님을 보지 못하는 것은 하나님이 사람의 마음 속에 없어서이다. 천지만물을 창조하신 하나님은 비물질적인 실체라, 살아 존재하나 사람의 눈에는 보이지 않는다. 이 존재는 무한대의 우주의 허공이라, 우주의 몸 마음인 영과 혼이 존재하고, 이 존재가 천지만물을 창조하였다. 창조된 이 물질은 모두가 그 물질의 나이만큼 살다가 없어진다. 그러나 우주의 몸과 마음인 영과 혼이 사람으로 오면 정과 신이시라, 다시 창조하여 정신으로 사람이 다시 나면 진리가 되어 영생불사신이다. 자기의 마음에 천국이 있어 영원히 산다. 진리로 다시 난 세상인 이 세상은 없어지지 않는다.

자기의 죄인 자기의 몸 마음 없애면 자기 마음속에 진리 이신 대우주 자체가 있어서 하나님을 보고 알 수 있다. 그 존재가 사람으로 왔을 때 정신 창조를 하여 사람을 천국 나 살게 한다. 그 존재가 구원자이다.

삶의 의미

사람은 누구나 이 세상 나 살다가 죽고 만다. 죽음이란 없어지는 것이다. 사람이 세상 나서 사는 이유와 목적은 인간 완성이 되어 영원히 사는 것이다. 사람의 삶의 의미는 영원히 살지 않으면 그 의미가 없다. 자기가 완성되어 영원히 살아, 참나라 일하고 살아갈 때 의미가 있다.

죽음, 죽지 않고 사는 법

이 세상의 모든 것은 일체가 없는 허공에서 와서 허공으로 되돌아간다. 다시 말하면 물질은 없는 곳에서 와서 있다가 없는 곳으로 되돌아간다. 사람도 없는 곳에서 와서 없는 곳으로 되돌아간다. 가령 여기 한 사람이 죽어 있다고 생각하여 보자. 이 사람은 생각도 못 하고 찔려도 아프다는 소리도 못 할 것이다. 사람이 죽으면 살아 있을 때의 생각과 행동을 못 할 것이고 화장하면 아무것도 남지 않는다. 그래서 사람은 죽으면 없어지는 것이다.

죽음은 다 없어지는 것이 죽음이다. 다시 난다 거듭난다는, 없는 곳으로 되돌아가서 거기서 진리로 다시 진리 세상에 나는 것을 말한 것이다. 이곳이 천극락인 것이다. 사람이 살아 있을 때 이 나라에 나 있지 않은 자는 자기의 마음속에 천극락이 없어, 죽으면 없어진다. 세상 주인인 진리인 자가 세상 와서, 자기 마음이 우주의 본바닥인 주인의 마음과 일체가 되게 하면 과거의 자기가 다 없어지고, 그 말씀으로 새 세상인 진리 세상을 창조하여 주실 때 다시 나고 거듭날 수 있다. 진리의 몸과 마음으로 다시 나 이 땅 이곳에서 영원히 살 수 있다.

세상 사람들이 기다리던 명상 중의 명상

명상을 하는 이유와 목적은, 사람은 미완성이어서 완성이
되기 위해서이다. 완성이라는 것은 허가 참이 되는 것이다.
허가 참이 되면 더 할 명상이 없다.

명상에는 어떤 화두를 두고 그것만 집중하는 것도 있고
호흡으로 하는 명상, 촛불을 바라보는 명상 등 그 종류가
수없이 많다. 그러나 사람이 명상의 목적인 인간 완성을
이루려면 자기의 마음을 그냥 두고는 이룰 수 없다. 마음
을 그대로 둔 채 앉아 있으니 이 몸만 수고가 클 따름이다.

거짓된 자기의 마음을 다 빼서 없애면 자기 마음속에 참
이 있게 되고 참이 있는 만큼 깨쳐지고 참마음만 남아 참
세상에 다시 나면 내 안에 진리가 또 내 안에 진리 나라가
있어 인간 완성이 되고 성인이 될 수 있다. 헛세상 버리고
참세상 나는 것만이 완전한 명상이다. 이것을 이루면 더
할 명상이 없다.

마음을 닦는 이유와 목적

사람의 마음은 허상이고 가짜이라, 이것을 없애고 세상 나 살면 세상살이가 그지없이 편안하고 자유롭다. 영생불사 하는 세상에 다시 나 죽음이 없이 사니 이 얼마나 행운인 가. 이것이 마음을 닦는 이유와 목적이다. 지금까지는 마음 을 닦는 방법이 없었으나 이제는 그 방법이 있으니 마음을 없애면 지혜가 있고 항시 행복하다.

인간의 마음은 업 습 몸이어서 자기의 마음에 내재된 업과 습과 몸을 없애면 진리만 남고, 진리 나라에서 다시 나면 영원히 죽지 않는다. 지금은 인간 완성이 되는 시대 이다. 마음 닦는 것은 거짓마음을 없애는 것이 닦는 것이 다. 거짓마음 없애는 수련을 하면 완성이 이루어진다.

참나를 찾는 방법

참나란 진리로 난 나를 참나라고 할 수 있다. 사람은 죄, 업속에 살아서 참나가 없다. 이 세상에는 참나로 난 자가 아무도 없다. 하나님의 몸 마음으로 난 자가 참나로 난 자이다. 죄인인 자기가 다 없어지고 진리 세상의 영혼이 되어다시 난 자가 참나를 찾은 자이다. 참나를 이룬 자는 진리인 하나님을 마음속에 가진 자이고 천국을 가진 자이다. 세상 주인의 말씀에 다시 난 자가 참나를 찾은 자다.

마음의 평화

인간마음에는 평화가 없다. 자기의 욕심 따라 그것을 추구하고 살아가기에 평화가 없는 것이다. 인간마음은 세상의 것을 사진 찍고 훔쳐서 자기의 마음속에 가지고 있으니, 이것이 죄의 마음이고 고통 짐의 마음이고 스트레스의 마음이다. 이 사람의 마음이 허상이다. 그 거짓인 산 삶과 습과 몸을 지우면 참마음이 있다. 그곳에서 다시 나면 진리의 우주마음이 된다. 이 마음이 평화의 마음이다.

진정한 선행이란

우리는 남이 힘들 때, 물질로나 여러 방법으로 도와주는 일체를 선행이라고 생각한다. 그러나 세상에는 의인이 없다고 예수님이 말씀하신 것처럼 그렇게 남을 도와주는 자가 선한 자가 아닌 것이다. 사람은 자기의 거짓인 마음속 살아서 사람이 말하는 선이다 악이다 일체도 진짜 마음이 아니다. 자기의 마음인 가짜 세상에는 참이 없어 세상에는 바른 이가 없다고 예수님이 말씀하신 것이다.

진정한 참은 자기의 마음이 진리인 우주의 마음이 될 때이고 거기서 하는 행 일체는 모두가 참인 것이다. 인간마음을 버리고 우주마음이 되어서 하는 행은 해도 한 바가 없고 자유의 마음이고 선악이 없으니 선인 것이다. 이것이 선행이다. 참사람이 되게 인간마음을 없애는 것이 참행이 될 것이다. 이것이 진리의 나라에서 하는 행이고 자기의 복이라, 영생불멸하는 나라에 난 자에게만 참 선행이 있다.

종교가 하나가 되는 방법

세상에는 종교도 많지만 한 종교에도 종파만 수만 가지가 있다. 각 종교와 종파에서는 서로가 자기 것이 맞는다고 하고 다른 것은 다 이단이고 사이비라고 한다. 그러면 어느 것이 진짜인가. 진짜는 진짜가 되는 곳이 진짜일 것이다.

사람의 마음은 진짜인 세상의 것을 사진 찍어 만든 마음이라 미완성이고 가짜이다. 사람은 세상인 진리 나라에 살지 못하고 가짜인 자기의 마음의 세상 속 살아서 미완성이고 가짜다. 그 허인 마음세상에서 종교의 경을 풀이하니까 가짜인 관념의 풀이라 맞지 않아 종파가 수없이 많다. 이 세상이 하나가 되고 종교가 하나가 되는 방법은 가짜인 인간마음을 버리고 진짜인 진리의 마음에서 다시 나서 진리의 세상이 사람 마음속에 있으면 종교가 하나가 되고 철학, 사상, 학문이 하나가 된다. 너의 나라 나의 나라 없이 모두가 하나 된 세상에서 살 수 있다. 모두가 참이 되어 죽지 않는 참세상 나서 살면 21세기에는 싸움 없이 살 수 있을 것이다.

세상에서 가장 중요한 것은

사람이 세상 살아가는 데 필요한 것은 먹는 것과 입는 것, 잠자는 집이면 된다. 그러나 사람은 이것만으로는 행복해 하지 않고 항시 더 갈구하는 마음이 있다. 가질수록 더 가지려 하고 수많은 생각이 자기의 뇌 속에서 끊이지 않아 고통 짐을 지고 살아간다.

사람은 가짜의 세상에 살고 가짜라 지혜가 없어 세상의 이치를 모르고 참도 모른다. 인간이 이 세상 난 이유와 목적은 칠팔십 살다가 죽고 말기 위해서가 아니고 살기 위해서이다. 가짜 세상에서 진짜 세상 가는 것이 세상 난 이유와 목적이다. 참세상 나서 살고, 살아서 그 세상에 자기의 복 짓는 일, 이것이 가장 중요한 것이고 행복한 삶이다.

사람이 진리인 창조주를 보지 못하는 이유

사람은 진리인 창조주가 사람의 마음속에 없어 보지도 알
지도 못한 채 막연한 상태로 진리의 존재가 있다고 믿고 있
다. 우리가 진리를 보고 알려면 세상에 진리의 존재가 사람
으로 와서 진리를 가르쳐줄 때 진리를 보고 알 수 있다.

진리가 되어 진리 나라 남이 부활이다

부활이란 다시 나고 거듭남이 부활이다. 미완성이고 가짜
인 자기의 산 삶, 습, 몸이 없고 진리인 우주의 몸 마음으로
다시 나는 것이 부활인 것이다.

　가짜인 자기가 일절 없으면 진리인 우주의 근원에 가서
그것이 내 마음이 되어 거기서 다시 나면 허의 나가 없어
진리의 나로 다시 날 수 있다. 나게 하는 것은 세상 주인
인 진리 존재가 할 수 있다. 사람은 진리인 하나님을 본 자
도 없고 천국에 간 자도 없다. 자기의 마음속에는 참나라
가 없기에 천국에 못 간다. 부활이란 우리의 마음이 진리
가 되어 진리의 나라 남이 부활이고 영생천국이다.

휴거란

한때 휴거가 된다고 하며 세상을 떠들썩하게 한 적이 있다. 또 휴거이니, 인 맞은 자만 산다느니, 십사만사천 명만 산다느니 하나, 지금 되지 않고 있으면 다 가짜이다. 날짜를 정하여 놓고 예언한 것은 하나도 맞은 적이 없고 십사만사천 명이 구원되고 완성이 된다는 것도 되지 않고 있으면 다 가짜인 것이다.

나의 죄업을 없애어 진리로 다시 나지 않고는 참인 진리에 아무도 날 수 없는 것이다. 허가 참이 되는 방법이 있어야 하고 완성의 나라인 참에 다시 나는 것은 누구나 참의 뜻을 알고 믿는 자는 되고 이룰 수 있다. 회개하지 않고 이루려는 자는 이룰 수 없다. 휴거란 공중들림이다. 내 마음에 헛세상인 사진의 세상을 버려 참세상인 하늘이 내 마음이 되어 거기서 나면 하늘에 나서 휴거가 된 것이다. 허상 세계에 사는 사람을 진리의 주인인 존재가 진리인 하늘나라 나게 하는 것이 휴거이다. 휴거란 진리 나라에 거듭나고 다시 남이고 헛세상에서 참세상으로 감이다.

나는 왜 사는가

사람이 이 세상에 태어나 사는 이유는 영원히 살기 위해서이다. 인간이 사는 이유와 목적은 살기 위하여 사는 것이다. 인간은 미완성이라, 헛세상인 자기의 가짜인 마음세상 속 살다가 없어진다. 미완성 시대의 사람은 자기의 마음과 세상이 겹쳐져 있어서 참인 세상에 살지 못하고, 자기의 허상인 마음세상 속 살아서 없는 허상이라 죽고 마는 것이다.

사람이 허상인 세상과 자기가 없으면 진리인 우주에 가고, 거기서 다시 나면 참세상에 나서 죽음이 없이 살 수 있을 것이다. 사람이 세상 나 사는 것, 참세상 나서 죽음 없이 사는 것보다 더 중요한 것은 세상에 아무것도 없다. 사람이 먹기 위하여 사느냐 살기 위하여 먹느냐고 흔히들 이야기하나, 사람은 살기 위해 살고 이것만이 세상에서 가장 중요한 일이고 이것 하기 위해 사는 것이다.

삶을 바꿔라

사람은 이 세상 살면서 고통 짐을 지고 살아 스트레스가 이만저만이 아니다. 그것은 자기 마음의 욕심에 따라 그 욕심대로 되지 않아서이다. 그것이 일반 인간의 삶이다. 그래서 사람의 삶을 스트레스가 없는 삶으로 바꾸어야 한다. 스트레스인 그 마음을 없애고 참마음을 가지고 참세상 나서 살면 스트레스가 없고, 이 세상 사는 것도 지혜가 있어 순리로 잘 살 수 있다. 그러면 인생 삶이 다 바뀐다.

하나님은 참마음에서만 볼 수 있다

어떤 성직자가 말하길 '세상에는 하나님을 믿는 사람은 수없이 많지만 하나님을 본 자는 아무도 없다'고 하였다.

사람은 자기의 마음속에 있는 것만큼 말하고 알고 산다. 하나님이란 존재는 이 우주 전체인 허공이다. 이 존재는 비물질적 실체인 진리의 존재인 영과 혼이다. 이 존재는 물질 창조주이고 나타나 있는 것이 그 존재이다.

이 존재인 진리의 영과 혼이 사람으로 왔을 때 사람 마음속에 진리의 세상인 이 땅 이곳이 창조가 된다. 이것이 천국인 진리의 세상이다. 이 하나님을 사람이 못 보는 것은 사람 마음속에 없어서이다.

사람의 마음은 업 습 몸이다. 이것은 가짜다. 이것을 다 없애면 내 마음이 진리인 우주허공 자체가 되어 내 마음속에 있기에 자기가 하나님을 볼 수 있다. 나가 다 없어지면 내 마음이 우주 자체라, 하나님을 보고 알 수 있고 사람인 창조주도 보고 알 수 있다. 참마음에서만 하나님을 보고 알 수 있다.

성경을 잘 이해하는 방법

성경은 언젠가 완성의 시대에 인간이 완성되어 천국에서 영원히 살 수 있는 때가 온다는 것을 말한 예언서이다.

성경 말씀은 진리 입장에서 보고 쓴 것이어서 헛세상 속에 사는 사람이 이해하기란 굉장히 힘들다. 가령 예수님이 죽은 지 사흘 만에 부활하여 돌무덤에서 나왔다는 말은, 인간이 죽음으로 인하여 돌무덤과 같은 자기의 마음에서 벗어나서 참세상인 진리 나라에 났다는 뜻이다.

자기와 헛세상을 버리고 참세상 나면 성경을 잘 이해할 수 있다. 진리인 참에서 말씀한 것이어서 가짜인 나의 마음세상을 없애고 진짜인 진리의 세상에 가면 다 이해할 수 있고, 또 자기도 살아서 진리 나라에서 영원히 살 수 있는 것이다. 헛세상 버리고 참세상 다시 나면 성경을 다 알 수 있다.

천국을 보는 방법, 가는 방법

천국은 진리인 하나님 나라가 천국이다. 진리라는 것은 나의 마음속에 있고, 이 진리인 하나님을 보고 아는 방법은 자기의 업 습 몸이 없어 우주허공 자체가 내 마음에 있고 그 허공에서 다시 나면 그곳이 천국이다.

가짜인 나와 내 마음세상이 없어지면 진리인 우주허공에 가서, 거기서 우주의 주인이 이 세상을 진리의 세상으로 부활시켜 주실 때 그곳이 천국인 것이다. 이 세상의 물질은 그 물질의 수명만큼만 살지만, 사람 마음속에 창조한 세상은 진리의 세상이고 물질 전체가 진리라 죽음이 없다. 사람의 마음속에 하늘과 이 땅 이곳을 창조하여 영원히 산다. 이것이 정신 창조이며 이것은 세상 주인인 사람만이 할 수 있다.

각 사람이 주인이고 자기 속에 있어 인존 시대이고 인권 시대인 것이다. 사람이 주인이라 천극락 가서 죽음 없이 살 것이다. 살아서 천국 나 살아야 죽지 않는다.

후기

사람은 이 세상에 나고 살고 죽는 이치를 아는 자가 없다.

사람은 이 세상 나기 이전의 본바닥에서 왔고 세상과 겹쳐진 자기의 마음의 세상 살다가 죽으면 아무것도 없이 사라지는 것이 사람이다. 그러나 자기 마음속에 진짜를 가지고 진짜 세상에 나 있으면 영원히 살 수 있다. 자기 마음속에 가지고 있는 것에 따라서 죽고 살고가 결정지어지는 것이다.

코로나19 바이러스로 인하여 많은 사람이 사망했고 확진자도 수없이 나오고 있다. 많은 이들이 고통 속에 살다 보니, 죽으면 어떻게 되나 생각을 해보곤 하는 것 같다.

사람은 아는 것이 없다. 사람은 세상의 것을 사진 찍은 자기 마음의 세상 속에 살아서 자기가 배운 것, 책에서 본 것, 경험한 것만 가지고 안다고 생각하며 사는 것이다. 그러나 세상의 마음을 가지고 세상에서 다시 나면 세상의 이치를 다 알 수 있다. 세상인 이 우주허공에 가 보아야 진리이신 하나님 부처님 알라를 만날 수 있고, 진리의 나라에 나면 영원히 살 수 있는 것이다. 진리 된 사람의 마음속에 진리와 진리 나라가 있기에 그러하다. 천국 극락 낙원인 진리 나라는 죽어서 가는 것이 아니고, 살아 있을 때, 지금 자기 속에 있는 진리 나라에 나 있어야 그 나라에서 살 수 있다. 진리 나라에 살면 모를 것이 없이 다 알 수 있고, 고통짐 스트레스가 없고 궁금함과 의문 의심이 없다. 인간이 사는 궁극적인 목적은 영원히 사는 것이나 진리 나라에는 아무도 가지 못했고, 죽어서 간다고 생각하나 죽으면 없는 허상인 자기의 마음세상 속 살아서 죽고 마는 것이다.

살아서 자기의 죄인 업 습 몸을 없애고 진리에 가서 진리 나라에서 다시 나면, 사나 죽으나 영원히 그 나라에 사는 것이다. 진리 나라에 살면 인간 완성, 우주의 완성이 되는 것이다. 꿈 같은 완전한 세상이 누구에게나 이루어지는 때이다. 자기의 죄인 업 습 몸을 버리고 진리에 가서 진리로 나야 한다. 허무하게 사라지는, 죽고 마는 사람이 되지 말고, 살아서 죽지 않는 방법을 알고 진리로 나서 죽지 않았으면 좋겠다.

마치며

우리 인간은 세상과 겹쳐진 마음의 세상 속 살기에 실상인 것 같지만, 실상에 살지 못하고 허상에 살고 있습니다. 허상세계에 살고 있어서 사람들의 마음은 바르지 않고, 세상을 바로 보지 못합니다. 그러나 실상세계에 가면 세상의 이치를 다 알게 되고 성인이 될 수 있습니다.

이 책은 실상세계에서 이 세상의 이치를 밝히는 것입니다. 당신이 바라는 것을 찾고, 모든 것을 이룰 수 있는 대안을 제시합니다.

사람들이 가장 바라는 것은 다음의 열 가지입니다.

1. 진리가 된 세상에서 삶 죽음 없이 영원히 사는 것 2. 행복해지는 것
3. 성공하는 것 4. 능력 있는 것 5. 건강해지는 것 6. 마음의 평화를 가지
는 것 7. 잡념에서 벗어나 현재에 충실한 것 8. 나쁜 습관에서 벗어나는
것 9. 항상 감사한 마음을 가지는 것 10. 인간관계가 좋아지는 것

당신이 가장 바라는 것은 무엇인가요.
모든 것은 자기 마음속에 있기에 그 답을 찾을 수 있습니다.

www.meditationlife.org
trueselfclass.com

하나님 부처님 알라를 만나는 방법
우 명 지음

1판 1쇄 발행   2021년 8월 26일
1판 2쇄 발행   2021년 9월 10일

펴낸이   최창희
펴낸곳   참출판사(주)
              03969 서울시 마포구 성미산로3길 67
대표전화   (02)325-4192
팩스   (02)325-1569
이메일   chambooks@chambooks.co.kr
등록   2000년 12월 29일, 제13-1147

ISBN 978-89-87523-37-8 03100
값 18,500원